MÉMOIRE

D'UN CONTRIBUABLE DUPÉ

EN L'AN DE DISGRACE 1877

PAR

KO-OU-HA-OUD.

CLERMONT-FERRAND

IMPRIMERIE FERDINAND THIBAUD, LIBRAIRE,

Rue Saint-Genès, 8-10.

1879

MÉMOIRE

D'UN CONTRIBUABLE DUPÉ

EN L'AN DE DISGRACE 1877

PAR

KO-OU-HA-OUD.

CLERMONT-FERRAND
IMPRIMERIE FERDINAND THIBAUD, LIBRAIRE,
Rue Saint-Genès, 8-10.

1879.

SOMMAIRE

A L'AUTEUR

DU

MÉMOIRE D'UN CONTRIBUABLE DUPÉ.

CHER MONSIEUR,

Vous avez le don très-rare de vous faire lire, bon gré, malgré, sans interruption. Votre manuscrit une fois ouvert, il m'a été impossible de le fermer, avant d'être arrivé à la dernière ligne. Vous m'avez procuré un vif plaisir : j'ai hâte de vous en remercier.

Que me parlez-vous de *boutade humoristique?* Evidemment, Monsieur, votre modestie vous égare. Je vous assure que le *Mémoire d'un Contribuable dupé* a une grande portée, et pourra, à son heure, produire un bien considérable,

Notre société n'est si malade, que pour avoir eu l'étrange ambition de rompre avec le passé, de constituer un peuple nouveau, de vivre isolée, au milieu des âges. L'Eglise avait façonné sa fille aînée à son image : avec l'aide du temps et de l'expérience, elle nous avait dotés de la Constitution à la fois la plus forte, la plus digne, la plus libérale et la plus progressive qui jamais ait été pratiquée. La famille, la corporation, la commune, la province, les parlements, la noblesse, la bourgeoisie, l'armée constituaient autant de forces sociales, filles de la tradition, qui agissaient avec une incomparable énergie pour maintenir la France dans les voies nationales, et enrayer tout mouvement de recul ; l'Eglise, en opérant dans les cœurs, poussait la communauté en avant, et le roi, s'inspirant sans cesse de la conscience sociale, présidait à la marche progressive de son peuple.

Tout n'était pas parfait sans doute. L'union du roi et de la conscience sociale n'était pas encore assez étroite ; les rapports de l'Eglise et de l'Etat laissaient beaucoup à désirer. Il y avait quelques réformes à accomplir. Sous prétexte de perfectionner, on a tout détruit; on a démoli l'édifice, au lieu de lui donner son couronnement. On s'est acharné contre les forces sociales: on a décapité la famille, interdit la corporation, anéanti les institutions locales. On s'est étudié à enchaîner l'Eglise, et à séparer ainsi la nation de la source même où elle puisait sa vitalité. On a supprimé le pilote, et on a eu l'audace d'appeler cela le progrès, la liberté, la lumière!

Il fallait pourtant bien établir une sorte de gouvernement. En interdisant toute association, on avait empêché, autant que possible, tout intérêt commun de se faire jour; on avait mis le pays dans l'impossibilité d'être représenté; n'importe: on appelle aux urnes tous les citoyens, réduits à l'état d'atomes désagrégés; et, sous le nom mensonger de représentation nationale, on crée le parlementarisme, une véritable monstruosité.

Voilà bientôt cent ans que la France est la proie des journalistes et des avocats, que les destinées de la nation sont entre les mains de quelques hommes, nommés par l'intrigue ou par la violence, presque toujours inconnus à leurs électeurs, ne représentant que leur ambition personnelle, ne pouvant considérer la chose publique que comme une riche mine à exploiter. Faut-il s'étonner si l'Etat est livré à toutes les convoitises, si la ruse tient lieu de principes politiques ; si la question sociale, précédemment résolue par l'Evangile, se pose de nouveau, comme au temps des païens ; si nous allons de chute en chute, et si nous sommes arrivés à un tel degré d'abaissement, que l'on est tenté de perdre toute espérance, quand on ne songe point à la vitalité des nations catholiques?

Pour maintenir un gouvernement, qui n'a pas en vue le bien du peuple ; pour conserver un régime utile seulement à quelques individualités, il faut absolument dissimuler tant de maux. Les habiles ont recours à une foule d'artifices, de mensonges, de calomnies. Ils travestissent l'histoire, et répandent les plus épaisses ténèbres sur le présent et le passé. Jusqu'ici le succès a couronné leurs efforts ; les masses trompées les ont crus et suivis.

Vous avez compris, Monsieur, qu'il était nécessaire d'arracher les masques, de mettre le parlementarisme à nu, de montrer nos prétendues institutions dans toute leur laideur.

Vous n'avez pas écrit un traité didactique. Vous avez eu raison : personne ne vous aurait lu. Où sont aujourd'hui les hommes sérieux qui méditent les principes ? Vous avez essayé d'éclairer la masse des ignorants, et il y a autant d'ignorants parmi les lettrés que parmi les illettrés. Vous avez mis le doigt sur les plaies, vous vous êtes fait l'organe des souffrances, que tout le monde éprouve, sans le plus souvent s'en rendre compte. Il me semble impossible que vous ne soyez pas compris.

Votre brochure est pleine de verve, d'énergie, de noble indignation. Vous avez des mots d'une force vengeresse, pour dévoiler et fustiger le vice social, et vos tableaux, pris sur le vif, saisissants de vérité, laissent voir à l'esprit, au-delà de leurs lignes restreintes, les magnifiques horizons de la foi et de l'espérance. Qu'importe, que vous usiez parfois de termes familiers: vous avez voulu faire une œuvre populaire, et vous avez réussi. Les paysans et les ouvriers vous liront avec intérêt: ce qui n'empêchera pas les autres de beaucoup apprendre dans votre œuvre.

Je n'ose pourtant pas vous dire que le *Mémoire d'un Contribuable dupé* produira immédiatement tout son effet. Il semble impossible que le pays s'arrête, en ce moment, dans la voie où il est lancé, Il faudrait que Dieu changeât des millions d'esprits et de cœurs. Nous ne pouvons espérer un miracle incomparablement plus grand que la conversion de saint Paul. Mais attendez; laissez les redoutables événements qui se préparent, à l'intérieur et à l'extérieur, ouvrir les yeux aux plus aveugles, alors *l'heure de Dieu* aura sonné, les germes que vous déposez aujourd'hui produiront leurs fruits de salut; et quand la France fera entendre la parole de vie, vous pourrez légitimement revendiquer votre grande part d'honneur.

En attendant, vous avez la conscience de faire, autant qu'il est en vous, œuvre de contre-révolution. Si chacun de nous avait le droit de se rendre le même témoignage, le moment ne serait pas éloigné, où, Dieu rentrant en maître, le descendant de saint Louis pourrait régner en roi.

Signé :

VITOLD DE CHODZKO.

MÉMOIRE

D'UN CONTRIBUABLE DUPÉ.

CHAPITRE I.

Musée des impôts. — Cercle de l'Union, rue de la Paix.

Tout nouveau député rêve un impôt nouveau;
Moutons, attendez-vous à l'impôt sur votre eau!

En 1877, comme en 1830, sous tous les gouvernements possibles et imaginables, avec ou sans la loi *Gramont,* les *moutons* conservent toujours le droit imprescriptible de se plaindre quand ils sont tondus jusqu'au vif. S'ils se plaignent à tort, sans rime ni raison, ainsi que cela arrive souvent, tant pis pour eux! ils en sont bien vite punis.

Mais ce n'est pas tout que de leur lier les quatre membres pour avoir la toison en écorchant leur peau... ce n'est pas tout que de leur chanter, en ce triste état: *Vous êtes des Souverains*, et vous devez, *en Souverains, payer les vrais petits Dieux* qui daignent prendre la peine de vous tondre et de vous conduire. » Ils ont encore le droit de savoir s'ils sont conduits aux gras pâturages, ou plutôt *à l'abattoir!*

Aujourd'hui, grâce à une trop longue pratique expérimentale, et sans le secours de la prétendue science de *Darwin*, ces *moutons* sont en train de devenir, *fieri*, des animaux raisonnables, et même raisonneurs.

Mais assez de métaphores! disons tout de suite que le peuple Français, si bon, si docile, si *mouton*, à bout de patience et de ressources, pose *à qui de droit*, cette simple question: *Pourquoi et comment* la France qui ne payait, il y a 47 ans, qu'un budget d'Etat de *huit cent millions*, est-elle maintenant obligée d'en payer un qui atteint le chiffre officiel de *Deux milliards huit cent millions* (1) (2,875,616,000 fr.)... et il paraît que ce n'est pas fini, c'est en attendant *mieux!*

Cependant tout le blé de la France ne monte qu'à deux milliards de francs: cent millions d'hectolitres à 20 fr. = 2,000,000,000. Ainsi tout notre pain y passe, et ça ne suffit pas!

Pourquoi, comment? ... c'est être bien curieux!

(1) Non compris les dépenses extraordinaires, ni les budgets des communes, soit en tout *trois milliards et demi* environ.

non pas que nos habiles rhéteurs soient en peine de tout expliquer par leurs sophismes habituels. Mais la question est complexe, épineuse; le plus sage en cette occurrence, sinon le plus clair, c'est d'écarter toute personnalité vivante n'appartenant pas à l'histoire; c'est de n'interroger que les faits qui sont dans le domaine public, les faits certains, évidents, palpables, d'une éloquence irréfutable autant qu'irrésistible.

Gardons-nous bien d'accuser notre jeune République des maux de toutes sortes que nous endurons !... Elle n'était pas née quand la *cause coupable* s'est produite ; elle n'est qu'un effet innocent, logique, tout naturel de *cette cause funeste*, qu'il est inutile ici de faire remonter au-delà de 1830, voulant empiéter le moins possible sur le domaine de l'histoire.

L'orgueil, le matérialisme, la sottise et l'envie, voilà les impersonnels auteurs que nous voulons prendre au collet; ils sont faits pour attaquer et pour être attaqués; ils ne sauraient nous empêcher d'exposer au grand jour la *situation qu'ils nous ont faite,* à peine tolérable quand l'industrie était prospère, intolérable aujourd'hui que le commerce est à peu près anéanti !

Nous tous, *contribuables*, humbles travailleurs de la terre, du commerce ou de l'industrie, nous ne pouvons plus *nous remuer sans avoir un impôt à payer ;* nous sommes forcés de compter à l'inexorable fisc deux sous, lorsque, à la sueur de notre front, nous avons peine à en gagner un ! Est-ce que maintenant il y a moyen de respirer, de prendre l'air à sa croisée, d'acheter et de vendre la moindre des choses, de se nourrir, de se vêtir, d'aller et de venir, de vivre et de mourir, sans rencontrer les filets de cet avide *fisc !* ... et tous les jours, ce pêcheur, inventé par le diable, lance sur nous son terrible épervier, dont l'envergure est assez vaste, dont les mailles savamment ourdies, sont suffisamment serrées pour que rien ne lui échappe, pour prendre à la fois, sans sourciller, tous les *pauvres goujons de la malheureuse France ! ... heureuse ou malheureuse, peu importe !* pourvu que la pêche rapporte *deux milliards huit cent millions*... quelle *dîme*, grand Dieu ! jamais rien d'aussi monstrueux n'avait paru sous le soleil !

Et c'est au milieu de notre inextricable fourmilière des impôts qu'il nous faut lutter, impuissants et ruinés, contre la production étrangère qui nous *nargue*, inondant de ses produits de pacotille notre marché, jadis le plus beau marché du monde !

Ah ! loin de nous la pensée d'imiter ces libéraux, *libérâtres de* 1830, qui prêchaient le *refus de l'impôt*, sous prétexte de nous procurer *leur gouvernement à bon marché*, et qui, devenus les maîtres, n'eurent rien de plus pressé que d'exercer leur singulier talent dans l'art *de fabriquer en grand les impôts!* Depuis cette époque, eux ou leurs pareils ont amoncelé des montagnes de lois, de discours, de sophismes, de roueries et de mensonges, pour arriver à asseoir commodément *leur fétiche, leur dieu vorace,* absorbant tout et toujours, jamais rassasié, auquel il nous faut sacrifier jusqu'au bien de nos enfants !

Sophistes ambitieux, aurez-vous enfin pitié de la France ! S'il vous faut pour nous gouverner, *à votre bon marché,* les deux milliards qui constituent toute la valeur de notre pain, prenez-les ! mais, au nom de l'humanité, arrêtez-vous là. Dégrevez, au moins, notre travail quotidien de la lourde fraction des 786 millions de francs, qui ne sortent de nos poches qu'en causant les plus douloureuses privations à nos familles.

Mais *c'est battre le fer froid,* que d'invoquer la pitié de plusieurs centaines de tyranneaux, irresponsables, avides, insatiables d'impôts, les votant tous *à la vapeur, d'un cœur léger,* avec une figure béate !

Un beau discours, *une blague,* voilà tout ce qu'on en obtient ! ... *Les besoins* de *l'Etat, athée* et *gourmand ;* la dette publique ; les charges imposées par les désastreuses sottises de leurs devanciers, etc., etc., tout leur est bon, tout leur sert, même les malheurs de la patrie, pour répondre invariablement leur impitoyable *Non possumus* !

Et puis, est-ce qu'on saurait jamais payer trop

cher l'*inestimable* bonheur de vivre sous leur férule!

Aussi la misère du prolétariat ne fait qu'empirer; elle prend des proportions effrayantes, et soulève de terribles problèmes, que vous n'êtes pas de taille à résoudre, ô pygmées de la Révolution! Presque tous les propriétaires et commerçants sont dans la gêne et redoutent la ruine. Qu'importe! pour vous il n'y a plus de *question sociale* dès que vous avez escaladé le pouvoir... le pouvoir de tout absorber par l'*impôt*! Alors vous faites la *noce*, vos festins sont *pantagruéliques;* vos fêtes étourdissantes, et vos orgies cyniques se manifestent effrontément sur le balcon de *Grandvaux!* et quand, *dans la coulisse*, vous vous félicitez de l'effet entraînant de vos discours, de votre grande habileté à tromper la nation, vous ne pouvez, *comme les anciens augures*, vous regarder *sans rire.*

Ah! *Libérâtres*, vous n'êtes pas *catholiques*... et vous n'avez pas besoin de vous en vanter, on le sait!....Eh! que vous font les sanglots, les cris et les larmes de la jeune orpheline, obligée d'abandonner à vos griffes fiscales l'humble toit paternel de *pauvre Jacques*, son père, qui vient de mourir! C'est une chaumière que Jacques avait bâtie, de ses mains, pendant les tristes jours d'un chômage forcé. Elle vaut à peine 500 fr. et le fisc réclame à l'héritière 510 francs, au bas mot, *frais* compris!...

Allons, console-toi, Jacqueline, devant tes yeux

s'ouvrent les portes de deux couvents; l'un qui est laïque, l'autre *catholique* ou *clérical* : le premier fondé par les boulevardiers de la Babylone moderne, le second fondé par les disciples du divin Rédempteur, pour abriter ses enfants, comme la poule abrite ses petits sous son aile. C'est ici que tu as appris à lire et à prier Dieu!... c'est ici qu'habitent les religieuses, ces bonnes sœurs qui ont soigné ton père, abandonné de tous, dans sa dernière et cruelle maladie.

Mais le premier, celui que ton innocence ignore, est autrement séduisant! On t'y appelle, et tu y seras bien reçue, car tu es jeune et belle, et tu y trouveras de ravissantes toilettes, des colifichets du meilleur goût, à la dernière mode, que tu échangeras contre les haillons de la misère!

Pauvre enfant, regarde le Ciel, et qu'il t'inspire!

Mais dépêche-toi de choisir, tant qu'un reste de liberté chrétienne te le permet encore.

Et nos civilisateurs païens d'être fiers, très-flattés qu'un Turc admire ces choses-là!

O Midhat-Pacha, d'autres tableaux fort intéressants vous attendent dans notre merveilleux *Musée des impôts!* et puisque le *vénérable franc-maçon*, qui vous accompagne, éprouve déjà le besoin de reposer son obésité sur un moëlleux divan, permettez-moi de vous conduire dans le labyrinthe de cet immense palais. Nous voici à la 1789me des allées qui croisent la grande artère, et nous sommes devant un tableau bien digne de l'estime d'un Turc.

Il ne s'agit plus d'une *pauvre fille du peuple*, il s'agit de *Monsieur Arthur*, un homme instruit, intelligent, honnête, ayant mérité de pouvoir emprunter trois cent mille francs pour convertir en terres fécondes de vastes landes incultes qui, dans les siècles passés, n'avaient jamais produit que l'ajonc et la bruyère. La métamorphose fut complète en peu d'années, et le succès de plus en plus assuré. Rien ne manquait à l'exploitation agricole dont les constructions importantes renfermaient tout ce que la science a pu inventer de plus parfait pour les besoins et les progrès de l'agriculture: encore quelque temps, très peu de temps, et le capital de l'entreprise serait amorti!...

Mais le fondateur, quoique dans la force de l'âge, vient à mourir en devant encore 200,000 fr. sur les 300,000 empruntés, et cette âme créatrice, dirigeante s'envolait alors qu'elle était plus que jamais indispensable!

Survient une crise commerciale, et par suite une liquidation difficile, désastreuse! *L'actif* compensé à peine *le passif*. Mais si la famille est ruinée, l'honneur reste sauf, il n'y aura pas de faillite.

Eh bien, Midhat, remarquez dans le tableau, à peu de distance des bâtiments de l'exploitation, une figure hideuse, à demi-cachée dans l'ombre: c'est l'ogre qui se nomme *Fisc*, fils du citoyen *Sang de bœuf*... Il a, bien que jeune encore, le front sillonné de rides; ses joues sont creuses, et sa grande bouche béante laisse voir des dents jaunies, longues, aiguës, en forme de fourches; il écarte de ses doigts crochus, les roseaux qui l'ombragent; replié sur lui-même, il s'empare d'un poignard à fine lame, dont le manche est recouvert d'un *papier marqué* portant ce mot *la loi!*...

Le monstre guette et se prépare; ses yeux fauves, étincelants sont fixés sur les bâtiments de l'exploitation agricole... On sent avec effroi qu'il va bondir comme une panthère affamée pour saisir sa proie parmi les débris pantelants de la ruine; pour porter un dernier coup de griffe, le coup de la mort, plus que cela, la honte et le déshonneur à une famille honorable et jusque-là honorée de tous les respects!

Les dettes chirographaires, hypothécaires qui grèvent la propriété, et sont égales à la valeur de l'immeuble, ne l'embarrassent pas, il est privilégié!... à tout prix il lui faut son argent, dût s'engloutir tout le gage des créanciers!

Il sait que la *vente forcée* va déprécier les immeubles de moitié-valeur, que lui importe!... Il saisit le gage, le fait vendre publiquement aux enchères, et bientôt la famille est déshonorée par le stigmate brûlant d'une faillite déclarée.

Maintenant, la veuve de l'un des bienfaiteurs de

la contrée mendiera son pain, jusqu'à ce que les *philantropes* la ferment dans un... dépôt de mendicité. Ses fils iront grossir la grande armée des *déclassés*. A leur tour, ils secoueront violemment le bas de l'échelle branlante sur le bord de l'abîme, mais dont le sommet s'appuie sur *un budget de milliards... de milliards* prélevés sur les épargnes que nous entendions conserver pour nos enfants.

Midhat-Pacha, silencieux, avait l'air de ne pas entendre; il observait et méditait, sans doute, sur le grand art de pomper tous les sucs d'une nation privée de *sa boussole*.

Que signifie, demande-t-il bientôt, cette fabrique où travaillent de *pâles humains*, à la lumière blafarde du phosphore?... — C'est la grande fabrique d'allumettes chimiques de l'Etat, qui s'est noblement fait *marchand d'allumettes chimiques*, et qu'il vend très-cher avec la garantie *qu'une sur dix* aura son effet utile... et encore!... C'était jadis une modeste industrie à la portée du *prolétaire*, un *gagne-pain* pour les pauvres femmes du peuple.

— C'est bien, c'est bien, passons!... Que veulent dire dans le tableau suivant tout ces poteaux en forme de croix?...

— Mais approchez et lisez: « *La mendicité est interdite dans la commune:* » ce qui vous explique comment on traite ceux qui cessent de payer les impôts, comment l'on guérit la plaie du paupérisme, quand on possède le génie du progrès *moderne;* ne pouvant supprimer les mendiants, ni les clouer sur ces croix comme au *bon temps d'Hérode*, on les fourre en prison: procédé tout simple qui débarrasse nos *philantropes* de *leur vue importune!* Voyez là-bas, dans un terrain à l'écart, cette belle enseigne: *dépôt de mendicité!* ils n'ont pas même eu la pudeur de mettre: *asile de la mendicité,* non, non! un dépôt, *dépôt de*... n'importe quoi!

O philantropie! que tu as de touchantes délicatesses pour les malheureux qui ne peuvent plus te payer la *dîme!*

— Mais, réplique *Midhat*, fort agacé, pas de réflexions humanitaires, s'il vous plaît! c'est-ici de la *sensiblerie* déplacée, passons!... Que font ici ces paysans, indifférents et rieurs, qui me paraissent décharger une charretée de paille?...

— Ah! voilà: ils payaient autrefois *la dîme en nature*, une gerbe sur dix, ou dix sur cent. Aujourd'hui ils paient dix fois plus, et, conformément aux sublimes beautés du *parlementarisme,* ces braves gens s'imaginent ne rien payer du tout!...

Alors cela m'intéresse, et si vous parvenez, *obligeant Cicérone,* à me faire comprendre *la ficelle,* je vous promets, lorsque vous viendrez me voir à *Stamboul,* de vous faire cadeau d'une *houri, noir-d'ébène*, ou, si vous le préférez, d'une *Georgienne puissante*, *pesant au moins cent kilog.!*...

— Assez.... assez, c'est trop, généreux *Osmanli!* daignez écouter, et saisissez bien ma démonstration!

Ces bons paysans paient, sans s'en douter, par dix gerbes.............................. 5 fr. 20

Les 10 gerbes à 10 k. en moyenne = 100 k., valant dans la grange.......... 3 50

Différence.... 1 fr. 70

Ils paient donc 1 fr. 70 de plus que ne vaut la marchandise!

Nous savons que les *libéraux* sont d'habiles fabricants d'impôts, et d'une habileté encore plus surprenante pour faire accepter par un système *immoral* tout impôt inacceptable. S'ils ont exigé ce surplus de 1, 70, c'est pour se dédommager un peu de *l'impôt de mouture,* qu'ils n'ont pas encore osé établir; en cela moins hardis que les *frères* et *amis* de l'Italie *régénérée!*

Sous l'ancien régime, nos cultivateurs en eussent été quittes moyennant une gerbe, en nature de 0, 35, puisque le prix des dix est 3, 50, tandis qu'il leur faut payer aujourd'hui 5, 20! ... indirectement, il est vrai, afin qu'ils n'y voient que du brouillard.

— Mais ce n'est pas clair du tout; je ne comprends pas comment leur paille peut être taxée de 5, 20 sans qu'ils s'en aperçoivent.

— O *illustrissime,* où serait le mérite si vous compreniez de plein saut ? que deviendrait *la fiction*, cette cheville ouvrière des *immortels* principes de 89 ? ...

Il eût été naïf de dire qu'on imposait les gerbes de paille ; bien plus habile a été de dire qu'on imposait *le papier de paille !* comprenez-vous maintenant ?... *Que la paille* soit en gerbe ou en rame de papier, c'est toujours de la *paille*, qui n'arrive à l'état de papier d'un vil prix que par des façons représentant des salaires d'ouvriers, et, vous le voyez bien, *nos habiles* ont trouvé moyen, par *l'extravagante énormité des cinq francs vingt* d'imposer à la fois, sans le dire, *le salaire de l'ouvrier de l'usine et celui de l'ouvrier des champs.*

— Je comprends ! le *parlementarisme* n'est pas seulement une machine explosible, c'est aussi une merveilleuse *pompe aspirante et refoulante* ; certainement j'en doterai mon pays ! »

A ce moment survient le frère .·. Olympien, *libéral de la plus belle eau*, qui aurait mieux fait de se reposer une heure de plus ! Est-ce le *Grand-Orient de la maçonnerie Française*, ou simplement un *Vénérable* quelconque des loges de Paris ? ... A coup sûr, c'est un dignitaire de l'*Ordre*, et probablement de *l'Etat*. Il s'empare du bras de *Midhat*, et veut l'entraîner jusqu'à la 1793e *galerie*. Mais celui-ci demande grâce, ses forces sont à bout ! il ne pourrait aller plus loin. — C'est bien dommage, reprend notre important personnage, et je regrette vivement de ne pas vous faire admirer le grand et magnifique tableau des *cabarets*. C'est là que je vous eusse montré de belles collections de *buveurs* et *consommateurs* qui rapportent un fameux denier à l'Etat. Or, *l'Etat*, c'est *nous, vous savez !* ... En outre, ils constituent notre précieuse pépinière *d'électeurs* : *gaillards solides qui sont de leur temps, ceux-là !* ... hardis, jeunes, vigoureux, sans préjugés, *libre-penseurs ;* du reste, armés *d'arguments sans réplique*, ils sont capables de faire, *à eux seuls, toutes les élections de notre féerique suffrage universel !* ... Ils sont le contrepoids nécessaire des infâmes cléricaux, de ces *curés intransigeants*, dont nous ne viendrions pas à bout sans eux ; enfin ces *citoyens du cabaret* sont notre appui dans le présent, et *notre plus ferme espoir dans l'avenir*. »

— Vous êtes vraiment de très-habiles politiques, et vous irez loin dans la voie du *progrès*, j'en suis convaincu ! Mais comme le Prophète a interdit l'usage du vin, je ne me préoccupe pour l'instant que de vos savants moyens de *centupler les dîmes*.

— Ah ! votre *Mahomet* n'a été qu'un *imbécile* en interdisant l'usage du vin. — Pardon, *Excellence*, ne fallait-il pas quelque matière à péché ? ... Sans cela le ciel, trop facile à gagner, n'aurait pas eu de valeur.

— Que vous êtes profond, *ô Midhat*, je n'y avais pas songé ! D'ailleurs, *en tournant le Coran, vous tournerez la difficulté*, et cela vous sera encore plus facile qu'à nous *de tourner le catholicisme*, malgré toute l'habileté de nos *libéraux catholiques !* ... Mais, croyez-moi, les *dîmes* ne fructifieront chez vous, qu'à la condition d'en effacer le nom, et de ne le rappeler que pour le vouer à l'exécration publique. C'est par les nouveaux noms, par des artifices bien combinés, que vous arriverez au maximum *du rendement des impôts*, c'est-à-dire *à tout prendre*, en ayant l'air, *autant que possible, de ne rien prendre*. Convenez, entre nous, qu'il fallait être dans l'enfance de l'art pour se contenter d'une pitoyable *dîme, payée en nature, en gerbes incommodes et encombrantes !* ... A la bonne heure *de l'argent sur tout et partout*, telle est notre formule *sacro-sainte*, tel est le sublime de l'art !

Dites à vos *Turcs* qu'ils sont tous des *Souverains*, *ils le croiront et payeront*. — Erreur, mon cher Maître, les Turcs ont trop de bon sens pour admettre qu'il y ait *des souverains sans sujets*. — Comment ! on raisonnerait en *Turquie*, vilain défaut ! ... En tout cas, *avec de l'habileté* on triomphe de tout : souvenez-vous qu'un chat ne doit plus s'appeler *un chat ;* si les mots vous manquent, inventez-en, *inventez des principes modernes*, et vous arriverez, *futur Ministre du progrès*, à ce que la nuit soit prise pour le jour ! ... Ah ! mais n'allez pas oublier de payer *grassement* une presse à grand orchestre, *libérale* et *désintéressée*, qui vous décernera d'emblée les titres de *sauveur, ibérateur*, *illustre réformateur !* etc., etc. »

Là-dessus les deux seigneurs de la politique sortent du *musée*, montent en carrosse, et vont se prélasser au Sénat.

Pour nous, du commun des martyrs, nous continuons, avec nos jarrets de basque, d'arpenter ce *fameux musée... que l'Europe nous envie!* et bientôt nous rencontrons le sieur *Drawback*, espèce de bonhomme, à la figure fine et narquoise, qui fait l'innocent et le *vertueux* ; il est comme son nom baroque l'indique, d'importation anglaise, perfectionnée en France, brevetée par l'Etat. Les fonctions de *Drawback* consistent à rembourser, *à la sortie*, un droit qui a été perçu *à l'entrée...* bien entendu, *dans l'intérêt du travail national*. Mais il paraît que pour *certains* habiles, *Drawback* signifie : exemption du droit *à l'entrée*, remboursement de ce même droit, *non supporté, à la sortie!* C'est, comme on voit, très-ingénieux, singulièrement productif!

Et si vous en doutez, informez-vous du *procès des montres de Genève*, entrées 18 *fois* sans payer aucun droit, sorties 18 *fois* en se faisant honnêtement rembourser 18 *droits, non déboursés!*

Pour ce qui regarde plus spécialement l'industrie Française, nous nous bornerons à ne citer qu'un des mille produits, si variés, si compliqués, condensés ou dégradés de nos manufactures, obligées par la concurrence de se plier à tous les prix, à toutes les exigences de la consommation : *un tissu par exem-*

ple. Souvent ce n'est qu'une délicate métamorphose qui échappe à l'analyse, tant sont divers et mêlés les matériaux qui le composent! ... Voyez-vous d'ici le nez du fin douanier qui flaire dans une pièce de calicot ce qu'il peut y avoir de sujet à *Drawback*.

On devine ce que peut faire le douanier en présence de cent kilog. de cotonnade, qui semblent représenter naturellement cent kilos de coton, alors que le tissu n'en contient pas 50 et parfois 25.

N'insistons pas, en voilà assez pour faire soupçonner le sens mystérieux et moral de cette phrase emphatique, prononcée par le rapporteur du budget de 1872: « *Les industries viendront, d'elles-mêmes, festoyer au banquet de Drawback!* »

Si festin il y a, c'est possible... pour quelques-uns. Il circule sur ce *progrès moderne* de méchants bruits, dont il ne nous convient pas d'être l'écho.

En tout cas, si quelques-uns pêchent en eau trouble, *à l'américaine*, ce ne sont pas les petits boutiquiers honnêtes, qui se contentent de pêcher parfois une friture de goujons, sur les bords pittoresques d'une rivière limpide.

Tout en cheminant, observant et scrutant, nous arrivons en face d'une magnifique porte en bronze, dont les deux battants sont légèrement entr'ouverts; évidemment les fonctionnaires ont oublié de les fermer, dans leur empressement à aller dîner *chez Véfour*. Nous poussons, entrons, et nous voilà plongés dans un océan de *feuilles de papier marqué, de mémoires, de consultations, d'imprimés de toutes sortes peu rassurantes*... et *des arrêts, arrêts exécutoires*, sans nombre, à l'infini !... Plus de doute, c'est le prétoire du *Diable!* Au milieu se trouve la statue en pied de l'économiste *Malthus*, qui préside impitoyablement aux *saisie-arrêts*. Sur le socle nous lisons cette sentence: *Le couvert n'est pas mis pour tous au grand banquet de la nature*, et *quand*... oh ! c'est infâme, nous n'achèverons pas ! et dire qu'un pareil scélérat a fait école dans notre France catholique !... Heureusement que ses ravages, quelque trop étendus qu'ils soient, ont été limités et concentrés dans une certaine classe qui n'estime que *l'argent et le confort!* Les ouvriers, les paysans, ces dignes enfants du pays, n'en ont pas moins continué d'élever de nombreuses familles qui sont la force vive de la nation.

Mais ce *Malthus* n'est qu'un *cynique, un horrible blasphémateur!* La vérité, c'est que sous le soleil du bon Dieu, sur la terre féconde qu'il nous a libéralement donnée, avec les enseignements du plus auguste, du plus fort des économistes passés, présents et futurs, à la divine lumière de son Evangile, *le couvert a été mis pour tous au grand banquet de la nature: l'Amour et la Charité président au providentiel festin !*

Est-ce que Dieu aurait créé l'homme pour l'exposer à mourir de faim?... En le créant, il prenait l'engagement de lui fournir, en échange de son travail, *le pain, l'eau et le sel avec abondance:* rien de plus, mais rien de moins!

Il y a généreusement pourvu, et au delà!... Malheur à ceux qui, par égoïsme et cupidité, dérangent *la prévoyance divine!*

Et s'il plaît à Dieu, dans ses épreuves sur *l'homme*, sa chère créature de prédilection, d'en éprouver quelques-uns par ses bienfaits, quelques autres par le châtiment, il en est le souverain Maître, nous n'avons qu'à nous incliner devant ses décrets, quels qu'ils soient! S'il donne à beaucoup d'entre nous, *par surcroît, le vin, le bœuf et la poule,* est-ce une raison pour qu'il nous doive à tous une *cuisine raffinée, excessive, honteusement païenne*?... Non, non! il suffit qu'il donne le *pain quotidien* à qui le lui demande humblement, et c'est une nécessité, à laquelle il a généreusement pourvu dans tous les temps, surtout depuis nos 19 siècles de *Christianisme.*

Malheureusement il était réservé *au Libéralisme* de se mettre en travers de la bonté divine en imposant *le sel* et jusqu'à *l'air que nous respirons!* N'est-ce pas un sacrilége que de frapper d'impôt ces deux *dons qui nous viennent directement de Dieu?...*

Prenez garde, *Contribuables*, si facilement bernés et dupés!

Tout nouveau député rêve un impôt nouveau;
Moutons, attendez-vous à l'impôt sur votre eau!

Pourquoi pas? après l'air et le sel doit venir le tour de l'eau; c'est dans la logique de ceux qui ont imaginé l'impôt *sur les portes et fenêtres;* et ne les voyez-vous pas toujours en *quête d'une nouvelle matière imposable!*

Les *loups étant devenus bergers*, ne faut-il pas assouvir leurs appétits féroces?

Allons! l'atmosphère de ce musée nous pèse, et ne nous inspire que des pensées mélancoliques. Nous éprouvons le besoin d'aller dehors respirer un air plus pur, et nous nous échappons par la première porte qui se présente.

Enfin nous voilà dehors! et nous aspirons le grand air à pleins poumons.

Mais il pleut, le temps est affreux, et nous nous réfugions sous l'auvent d'un *marchand de Brick à Brack*. Là un vaste parapluie pendait au crochet de la devanture; il nous faisait envie, et alors s'engage cet intéressant colloque: — Non, citoyen! quand votre canne, à pomme d'or, seraït un *requin empaillé*, je ne l'échangerais pas contre mon royal parapluie. Ma maison se respecte, elle n'est pas *la banque à Proudhon!*...

— Eh bien, quel prix! — dix francs, — trop cher! un rayon de soleil semblait vouloir percer la nue.

— Comment, trop cher! ce matin, j'en ai vendu huit semblables et moins *authentiques* au groupe des Seize qui par *principe* se rendent, à pied, au Sénat, deux à deux, économiquement sous le même parapluie. Tel que vous me voyez, quand la royauté *de Juillet* tomba sous les coups de la *conspiration du mépris*, je fus l'un des *déménageurs* du Château des *Tuileries*, et j'emportai, pour ma part, *le parapluie du roi* avec la perruche de Madame *Adélaïde*, pauvre petite bête! la perruche s'entend: elle chantait si bien son *Lariflâ, flâ, flâ!* Hélas, elle est morte! et j'eus bien raison de la pleurer, car je la vendrais cher aujourd'hui! Depuis cette perte sensible, je me suis converti, et suis devenu *Conservateur*... de *ma boutique* et *de mon parapluie* toujours vendu, toujours à vendre. Le voici ce *joyau* de la *royauté bourgeoise*, avec son cachet de *grandeur*, puisqu'on peut s'y loger trois dessous, et vous osez le marchander, *marchander l'incomparable, le vrai, l'authentique parapluie* de *Louis-Philippe*.

Allons! encore une rengaine parisienne, comme ce matin, chez le coiffeur, *la maladie du cuir chevelu!*

Mais l'orage redoublait d'intensité : Voici vos dix francs, livrez-moi *le rifflard.* »

Et le marchand, grave et fier comme une carpe qui vient de gober une mouche, daigne encore nous donner *la poignée de main légendaire.*

Voilà comment, sous l'abri d'un parapluie *histo-*

rique, nous parvenons, *rue de la Paix*, à notre *cercle de l'Union.*

Union, paix, que c'est doux ! comme c'est champêtre ! nous en goûterons donc les douceurs, avant d'aller nous coucher.

Au milieu d'un salon où le confortable et le luxe insultent à la misère publique, et font prendre en dégoût les modestes habitudes du foyer domestique, sur une immense table, recouverte d'un magnifique *tapis d'Aubusson*, s'étalaient vingt journaux, de *couleurs* différentes, vingt expressions contradictoires, mais toutes, très-sûres *de la volonté nationale !* Quelle était pourtant *la bonne, la vraie ? Tot capita, quot sensus..»* C'est égal, chaque lecteur avait *foi dans son ournal*, et se gardait bien de lire les feuilles *d'opinion contraire.*

La lecture *faite et lestement digérée*, *la causerie s'engage ;* on est courtois et calme d'abord ; mais bientôt *vingt discoureurs*, vingt échos de chaque journal, veulent parler à la fois ; on s'échauffe : on discute avec feu, enfin on se dispute sous une grêle d'injures, de sarcasmes et de quolibets. Touchante harmonie ! on est bien près de se prendre aux cheveux, lorsqu'un commissaire, très-influent, de ce *cercle d'Union*, intervient heureusement pour arrêter le débordement des colères.

Ce grave commissaire est un *amphibie* de la *Revue des Deux-Mondes*, et sa parole fait autorité :

« Du calme, Messieurs, je vous prie, *de la tolérance, de la conciliation !* ... Quelle différence y a-t-il entre un *Clérical* et un *Socialiste,* entre un *Royaliste* et un *Républicain,* entre un *Radical* et un *Bonapartiste?* Mais tous se valent, tous ont raison, *il ne s'agit que de s'entendre !* Est-ce que *toutes* les opinions ne sont pas également *respectables,* quand elles sont *sincères* ? pourquoi douter de la sincérité d'autrui ? D'ailleurs toutes les opinions, comme toutes les religions, se valent et sont bonnes, suivant *les temps, les lieux et le vent qui souffle!* Qu'est-ce que la vertu, qu'est-ce que le vice ? sinon des produits égaux, irresponsables, comme le sucre et l'arsenic, de notre féconde mère *la nature,* qui ne consulte aucun de nous dans ses vibrations moléculaires et créatrices : en somme, tous les produits sont identiques, bien que variables d'aspect, selon qu'on les considère en deçà ou au-delà des Alpes, en deçà ou au-delà des Pyrénées !

Nous faisons grâce du reste de la harangue, tendant à *faire dormir debout* ceux qu'il avait intention d'apaiser. En effet, devant sa *lumineuse* exposition *de l'identité des choses,* l'auditoire se calme, il est calmé ! ... Tous insistent pour que le spirituel causeur daigne leur faire *une conférence scientifique* sur un sujet quelconque.

Et le *profond penseur de la Revue des Deux-Mondes,* très-flatté, déférant à ce noble désir avec sa bonne grâce habituelle, se lance dans des dissertations folâtres, à perte de vue, qu'il nous suffira d'indiquer en courant; et comme les *cercles* soi-disant *littéraires*, ne sont que des raffinements du matérialisme, il va de soi que notre aimable conteur fasse étalage des *savantes* hypothèses du farceur Darwin sur les *secrets de la formation lente de l'humanité, sur ce phénomène étrange* en vertu duquel une espèce animale prend sur les autres une supériorité décisive ... etc., etc.

Mais l'enthousiasme des jeunes auditeurs, *de grands enfants* la plupart, ne connaît plus de bornes, quand le patelain façonneur de toute cette jeunesse en vient à *affirmer :* « que toute force est une transformation du *soleil ;* que la plante qui alimente nos foyers est *du soleil emmagasiné ;* que la locomotive marche par l'effet *du soleil qui dort depuis des siècles dans les couches souterraines de charbon de terre ! ...* que le cheval tire sa force des végétaux, produits eux-mêmes par le *soleil;* que l'élévation de l'eau dans les airs est directement l'effet *du soleil* ... etc., etc.

Donc, *de par la science* (quelle science !) nous voilà dotés, mes amis, d'un immense progrès : si le 18me siècle a fini par la proclamation *des Droits de l'homme,* le 19me siècle ne finira pas sans proclamer les droits de ... *du soleil,* car il est *notre dieu,* il *n'y a pas d'autre dieu, et la révolution est son prophète !*

Est-ce à dire, Messieurs, qu'il faille enlever aux *bonnes femmes, aux petites gens du peuple,* leur naïve croyance aux vieux dogmes chrétiens ? Vous ne le pensez pas, et notre illustre maître *Voltaire* ne le pensait pas ; il était *opportuniste*, et nous devons l'être, comme lui ; c'est votre avis, c'est le mien ; *accord admirable ! sublime effet de la science !* Restons toujours sur ce terrain *solide*, et nous justifierons par là notre beau titre de

Cercle de l'Union !

Après cette copieuse infusion de *logomachie transcendante*, avalée sérieusement, sans rire, chacun des jeunes gens, très-satisfaits de ce *Speck ex-ces-sivement savant*, au lieu d'aller dormir sous le toit paternel, s'en-va glisser sur sa pente naturelle. Les uns se livrent à une partie de jeu échevelée, le point du jour les trouvera intrépides sur leur *chaise curule ;* d'autres, non moins sérieux qui ont médité *sur les petites correspondances de Mercure galant*, dissertent gravement sur les *sirènes* en vogue *du demi-monde.* Mais les plus avisés vont faire un fin souper *au salon réservé*, où ils sont servis par *la belle enfant du cercle*, jeune *innocente* de vingt ans, véritable *accroche-cœur*, coiffée *à la chien*, qui a *d'allèchants* sourires pour tous, et qu'on mariera, *au premier jour*, dès qu'on aura trouvé un voyageur *du progrès*, s'absentant *onze mois sur douze.*

Et c'est là, dirait *notre Veuillot*, là dans un tel milieu, que se forment nos grands citoyens de l'avenir !

CHAPITRE II.

Etats de situation: la ruine et l'espérance!

Les révolutionnaires se vantent d'avoir fait une France nouvelle; c'est vrai! non point avec leur argent, ils n'en avaient pas, n'ayant que des dettes; seulement ils possédaient un rude appétit. La question, toute d'actualité, est de savoir s'ils ont fait une France plus grande, plus heureuse, plus progressive, plus prospère, *plus glorieuse* et *plus respectée* que *l'ancienne France*, assez solidement *charpentée par le Charpentier de Nazareth*, pour qu'ils n'aient pas pu finir de *la démolir!*

Mais s'ils n'ont édifié, *avec tous nos millions*, qu'une misérable *tour de Babel* qui menace *ruine* avant d'être achevée, *nous tous contribuables*, pouvons bien trouver que *ces maçons, francs-maçons*, prennent trop cher pour l'*ouvrage qu'ils font*. Quoi de plus naturel, *à notre époque de libre examen*, d'examiner leurs comptes passablement embrouillés!

A simple titre de *jalon*, posons d'abord en regard des *trois milliards* qui pèsent sur la France les deux milliards que paye l'Angleterre, autrement riche! Le budget de cette nation n'atteint pas *soixante-dix-neuf millions de livres sterling*, c'est-à-dire deux milliards de francs.

Toutefois, ne sortons pas de chez nous, où les points de comparaison ne manquent pas.

Si les *Révolutionnaires* ou les *Libéraux*, comme ils s'appellent quand ils ne veulent pas faire peur, ont fait, *sous leurs masques divers*, le bonheur de la France, ainsi qu'ils osent le prétendre; si, au lieu d'entraver la marche progressive de la civilisation chrétienne, ils n'ont fait que *l'activer* ou la *seconder;* s'ils ont seulement diminué ou soulagé *la plaie du paupérisme;* s'ils ont favorisé, développé, multiplié *les institutions charitables;* s'ils ont veillé sur toutes les misères morales et matérielles du peuple, en y compatissant selon la loi suprême de l'*Evangile;* s'ils ont sauvegardé les intérêts moraux et matériels de la France, notre honneur national, notre rang, notre dignité dans le concert des nations; s'ils ont su, au moins, conserver *le patrimoine sacré de la patrie;* enfin si, avec eux, *nous sommes sûrs de notre lendemain*, ne marchandons pas *leur carte à payer*, quelque énorme qu'elle soit, *résignons-nous!*

Tout cela mérite attention; examinons sans *parti pris*, avec une scrupuleuse impartialité :

Quand on établit *des situations* ou qu'on dresse *un bilan*, l'on constate, non les intentions, mais les résultats positifs, sauf à déduire plus tard la moralité des faits. Eh bien, après leur domination de 88 ans, à peine interrompue par la trop courte période d'une *Restauration* de quinze ans, nous constatons, *Messieurs les Catholiques, que vous avez grand tort de vous plaindre; le catholicisme se porte mieux que jamais!*

En effet, le *gallicanisme* est mort et enterré. Qui se souvient *du jansénisme en France*? *qui s'occupe encore de schisme*, sauf un petit *cénacle* foudroyé *par Pie IX?* Est-ce que *notre grande unité catholique* n'est pas sortie victorieuse de tous les autres essais burlesques tentés *par des fous furieux* qui se croyaient une taille *d'apôtres!*

Oui! les Révolutionnaires peuvent se vanter parfois de *leur sagesse*, ils n'ont pas encore démoli *une seule pierre*... de la voûte du firmament, et ce n'est pas leur faute s'il y a toujours quelques *étoiles filantes*. Il est permis de trouver que *ces bons docteurs* abusent *de la saignée*, quand ils s'y mettent, comme en 1793 et 1871; il n'est pas permis de contester que c'est à *leurs remèdes héroïques* que nous devons le raffermissement de la Foi, une extraordinaire recrudescence d'amour pour le saint nom de *Jésus!*

Cette justice rendue, nous voici bien à l'aise pour comparer, discuter et apprécier leurs comptes courants qui sentent fort l'*usure*, quoique *la loi de* 1807 soit encore debout!

La France est une *grande maison*, dont le passé *oblige*. Elle ne date pas seulement d'hier, de 1830 ou de 1789; c'est toujours l'illustre France de *Clovis*, de *Charlemagne*, de *saint Louis*, d'*Henri IV*, de *Louis XIV*, de *Louis XVI* et de *Charles X*. Cette France-là mérite sans doute que son honneur et sa fortune ne soient pas abandonnés à l'aventure, aux incessantes expérimentations d'un charlatanisme sans frein.

Vainement les *Libéraux* s'efforcent de faire la nuit, de faire l'oubli sur le gouvernement du glorieux roi *Charles X*, qu'ils renversèrent avec une si noire perfidie *en* 1830, au lendemain de la *conquête d'Alger!*... Trop nombreux existent encore les témoins de ce règne, dont *la gloire est écrite en lettres d'or* sur les remparts de *l'imprenable* citadelle Africaine!

Il est naturel que nous prenions ce gouvernement réparateur comme point de comparaison avec les gouvernements *d'aventure* qui lui ont succédé, en aggravant toutes les charges qu'ils avaient effrontément promis de dégrever.

Et cette comparaison, à la portée de tout le monde, nous apprend que *Charles X* n'était pas seulement un roi chevaleresque, généreux, nous dirions *libéral*, si les mots avaient conservé leur signification, mais qu'il était encore un profond économiste, accomplissant un vrai tour de force en économie politique, quand il savait gouverner la France avec un modeste budget de *huit cents millions!*

Un tel budget, qui n'atteint pas un milliard fait pitié à nos grands fabricants d'impôts!

A la bonne heure! un budget de *trois milliards*, c'est une *dîme* qui se porte bien!... Pour nous, *contribuables*, nous n'en pouvons plus supporter l'énorme poids.

Mais peut-être que *Charles X* laissait insulter, avilir la France! peut-être qu'il la laissait démembrer!... peut-être qu'il négligeait la marine et l'armée de terre; qu'il laissait en souffrance les services publics?...

Non! il ne laissa pas avilir la France, il ne la laissa pas insulter! Le dey d'Alger paya cher le coup d'éventail qu'il s'était permis insolemment de donner à notre ambassadeur; la marine et l'armée conquirent immédiatement cette *Algérie*, qui avait bravé jusque-là toutes les puissances de l'Europe.

Non! il ne laissa pas démembrer la France, qu'il agrandissait au contraire, selon la coutume de ses aïeux, par cette brillante conquête qui reste encore notre consolation dans nos jours de malheur! et par elle notre Roi rendait à la civilisation chrétienne le plus grand des services; alors, vous pûtes, *ô libérâtres reconnaissants*, parcourir la Méditerranée avec vos femmes et vos enfants, sans courir le risque d'être capturés et conduits dans la caverne d'un aimable pirate africain!

Mais *Charles X* fut un ambitieux... Oh! oui,

comme ses ancêtres! Son rêve était de faire de la Méditerranée *un lac français!*

En conquérant Alger, il ouvrait à la France un immense horizon sur cette terre *d'Afrique*, qui allait devenir notre grande colonie, située à nos portes, à quelques heures de la mère-patrie!

Non, non! il ne laissa aucun service public en souffrance, et il subvenait à tout avec ce budget de *huit cents millions;* chiffre importun qui se dresse éloquemment devant vous, ô voraces de budgets!

Ah! c'est vrai, il n'avait pas la charge énorme d'une dette nationale qui exige, à elle seule, le payement annuel de *douze cents millions!*

Qui a fait cette dette?

Hélas! puisque la France, séduite par les sophismes d'abominables rhéteurs, a consenti, de gré ou de force, à *courir les aventures*, elle doit se résigner à en payer les frais. Aussi nous ne disons pas qu'il faille revenir au budget de 800 millions, mais nous prétendons qu'on peut, si l'on veut, si l'on a le sentiment du devoir, s'arrêter au chiffre de *deux milliards*, chiffre dont sait se contenter le gouvernement de l'opulente Angleterre.

Nous convenons que sous *Charles X* le budget de la guerre ne s'élevait pas, comme aujourd'hui, à 573 millions. Et pourquoi?...

Parce qu'alors la France ne faisait pas peur à l'Europe, qu'elle force, par son foyer d'agitations, d'intrigues et de discordes, à se tenir constamment sur le pied de guerre ; parce que son Roi était de la famille des rois, le plus auguste représentant de la royauté, et que la parole *d'un petit-fils de saint Louis* inspirait partout *confiance et sécurité ;* parce que nos Rois, pour maintenir notre chère patrie à la tête des nations, dont ils garantissaient les droits légitimes, savaient s'en faire aimer, plutôt que de s'en faire craindre.

Mais le gouvernement de *Charles X* avait eu, aussi lui, à supporter le poids de la dette publique, inévitablement léguée *par la révolution républicaine ou Césarienne.* Et de ce qu'il a pu subvenir à toutes les charges, à tous les frais que comporte l'administration d'un grand Etat, avec ledit budget de 800 millions, il faut bien conclure qu'il est possible de gouverner aujourd'hui la France avec *deux milliards*, qui représentent tout son blé, tout son pain, et qu'en lui prenant *trois milliards*, c'est *lui extraire* jusqu'à la *moëlle des os ! !*

Mais qui songe donc aux économies *par le temps qui court* ? Nous n'avons que des gérants anonymes et irresponsables, passant comme des *ombres-chinoises*, et songeant, de suite et vite, à leurs petites affaires personnelles. C'est plutôt en vue des intérêts électoraux, qu'en vue d'une bonne administration, que la masse des employés a été doublée et triplée. Si nous envoyons des députés pour contrôler les dépenses, ils commencent par être *partie prenante au budget;* on voit *des législateurs réclamant leur salaire comme le maçon réclame le prix de sa journée !!*

Et n'est-ce pas une folie que de consacrer 255 millions, rien qu'à la perception *des impôts* sous lesquels nous succombons !

Sous *Charles X*, l'honneur de servir son pays entrait en ligne de compte dans la rémunération des emplois. Les députés, qui ne manquaient pas, eussent rougi d'un salaire, et l'on voyait un duc de *Richelieu*, pauvre, mais fier, refuser noblement les cinquante mille francs de rente que lui allouait la reconnaissance nationale, pour avoir habilement négocié la libération du territoire, resté *intact*... *intact*, entendez-vous, après la seconde invasion étrangère de 1815. Aujourd'hui nous voyons Monsieur Thiers, plus de vingt fois millionnaire, accepter un million de francs pour avoir négocié la libération du territoire, *démembré*, après la récente et funeste invasion de 1870 !...

Le Trocadéro, *Navarin*, *Alger*, parmi les faits presque contemporains, disent assez ce que la France aurait pu devenir, ce qu'elle serait aujourd'hui, si la Révolution ne l'avait condamnée *à l'abaissement continu*, en rouvrant l'ère fatale des invasions, en la privant des institutions qui, pendant douze siècles, ont fait sa grandeur, son unité et sa force : institutions perfectibles que chaque siècle avait mission de perfectionner.

On a dit avec raison que la Restauration eut le tort de se coucher un peu trop dans *le lit révolutionnaire :* on la vit représentée par un *Talleyrand* au congrès de Vienne ! On vit le régicide *Fouché* parmi les ministres de *Louis XVIII !* ... Mais quel gouvernement humain fut jamais exempt de l'erreur ? ... Et le jour où *Charles X* voulut échapper aux étreintes mortelles de *la franc-maçonnerie* qui l'assiégeait de toutes parts, Dieu permit, hélas ! le triomphe des *sectaires*, sans doute parce que la France avait encore besoin de les voir à l'œuvre, pour s'en dégoûter à jamais !

Le roi n'était pas prodigue des deniers de son peuple, dont il se considérait comme le père, et dont il entendait gérer la fortune comme un bon père de famille doit gérer le bien de ses enfants. Un tel économe ne pouvait vous plaire, *ô Vampires de* 1830, qui n'aspiriez qu'à mettre en pratique votre prodigieux talent dans l'art de faire fleurir les impôts ! et pour notre malheur, ou plutôt pour notre *correction*, cette fois assez longue, assez dure pour être efficace, pour qu'on s'en souvienne, *votre conspiration de* 15 *ans* obtint enfin le succès, triste triomphe *du mensonge, de la déloyauté, de l'hypocrisie et de l'intrigue*, auquel la nation ne prit aucune part.

Pourquoi les Français eussent-ils renversé le gouvernement paternel qui, avec le modeste budget de 800 millions, leur permettait de travailler pour leurs enfants, et non pas exclusivement *pour le Fisc;* leur procurait sécurité, gloire et grandeur, en leur imposant *le moins de charges possible ?* ... Pour lui substituer des gouvernements d'aventure, *de rechange,* se démolissant tour à tour, et leur imposant, chaque fois, à l'inverse de nos rois, *le plus de charges possible !* ... Cela n'est pas admissible.

Ce fut par surprise, par un coup de trahison, depuis longtemps prémédité dans les *loges maçonniques,* que se fit cette néfaste *Révolution de Juillet,* destinée à nous mener, de catastrophe en catastrophe, *à la ruine, au démembrement, à l'anarchie morale,* à un état tel que *l'affreuse hypothèse, finis Galliæ,* a pu se produire, sans émouvoir les artisans de nos malheurs!... Que la France ne soit plus *qu'un zéro dans le conseil des nations,* peu leur importe ! Ils continueront de fumer *des cigares exquis,* et de donner des fêtes, *à nos frais,* bien entendu ! puis, *l'heure venue,* on mourra, s'il le faut, comme *le pourri Mirabeau,* en se couronnant de fleurs ! ...

Aussi que de trésors de colère s'amassent dans les cœurs français ! ...

Non, non ! la France, ni le vrai peuple de Paris ne furent coupables *de ces stupides journées de* 1830, dites, par antithèse, *les glorieuses ! !* ...

Devant le magnifique palais, que nous admirons encore, et que *Louis XIV,* reconnaissant, avait élevé à l'infortune des héros mutilés de nos armées (*nos rois ne faisaient pas des barraques pour durer six mois*, ne suspendaient pas des *pantins dans les airs*, comme il en reste encore un *place de la Bastille*), devant le dôme étincelant de *l'Hôtel des Invalides*, sur l'Esplanade, le canon tonnait, *le* 22 *juillet* 1830, pour annoncer *à la France* qui en tressaillait de joie et de fierté, *au monde étonné*, que *l'Algérie venait de tomber au pouvoir de nos armes ! !*

Eh bien, moins d'une semaine après ... c'est incroyable, tant c'est monstrueux ! ce même canon des Invalides, lâchement conquis par les *sicaires de l'émeute* sur des vétérans *sans bras*, ou n'ayant que des *jambes de bois*, servait à enfoncer les portes du château des *Tuileries !* ...

Dès le 27 juillet, les rues du Temple, de tout le *Marais*, les faubourgs, les boulevards envahis, étaient comme une fournaise ardente, entretenue, attisée par quelque centaine *d'énergumènes* qui faisaient mouvoir, hurler cette tourbe des rues, n'ayant rien de commun avec le vrai peuple, et se tenant toujours, dans tous les temps, à la disposition de l'émeute, sauf à se cacher, à fuir, au premier signe d'une vigoureuse répression. *Vers neuf heures du soir*, on vit sortir de l'officine du *National*, où le journaliste *Thiers* préludait à sa fortune future, un tombereau chargé *de cadavres ramassés dans les hôpitaux de Paris*, et qui allaient devenir les sinistres acteurs d'une épouvantable comédie.

Ce funèbre tombereau était éclairé par quatre porteurs de torches résineuses, qui ne cessaient *de vociférer : Vengeance, aux armes ! les royalistes assassinent nos frères !* ... Il était escorté et traîné par une vingtaine de *sectaires*, déguisés en *ouvriers*, qui, bras nus, la hâche à la main, exploitèrent de la sorte, pendant toute la nuit, les instincts généreux d'hommes crédules, faciles à exaspérer et à métamorphoser en tigres altérés *de sang et de vengeance.*

Le lendemain, 28 juillet, Paris se trouvait hérissé d'innombrables barricades. Tous les gens paisibles et honnêtes étaient dans la consternation ! On entendait avec effroi gronder le canon qui démantelait les Tuileries ; et bientôt fut consommé l'horrible massacre de la garde royale, se défendant héroïquement, mais sans espoir, contre des nuées de forcenés : fous-furieux qui se croyaient des justiciers, des vengeurs ! ... Très-peu des fidèles *Cent Suisses* survécurent à la *boucherie*, et les rares échappés de la mort allèrent se faire prendre dans les provinces, où les guettaient d'ignobles affidés *du comité libéral de la Révolution.*

C'est bien triste à dire, mais la vérité l'exige : beaucoup *d'importants* Messieurs qui se prélassent encore dans la fortune et les honneurs, s'imposent à leurs concitoyens comme des *conservateurs émérites* (nous en tairons les noms par charité), commirent alors l'infamie d'arrêter *courriers et diligences*, escaladant *les impériales*, fouillant *les intérieurs*, pour y découvrir un *ministre !* . . . A défaut du prince de *Polignac* ou de tout autre de ses collègues, on se rabattait sur un malheureux *Cent-Suisses*, s'il s'en trouvait un par hasard. Ne fallait-il pas donner quelques victimes *en pâture* à l'appétit des fauves qu'on avait démuselés !

Quant à *Charles X*, qu'une presse immonde s'efforçait en vain de salir, dès le 29 juillet, devant l'attitude pitoyable des *Chambres*, ce roi chevaleresque, qui venait de doter la France de l'Algérie, prenait, à *la tête de ses troupes fidèles*, le chemin de l'exil, abandonnant le plus beau trône de la terre, plutôt que de verser le sang *de ses enfants révoltés, mais égarés* par *quelques infâmes !* . . . Du moins, il partait en *Roi*, car alors la *crosse en l'air* n'était pas encore inventée. .

Ainsi, pour le malheur de la nation, fut inaugurée *l'ère des barricades !*

Il est certain que sans le concours des 221 députés que les dernières élections venaient de ramener triomphants *à la Chambre*, la sédition eût misérablement avorté. Un tiers d'entre eux pouvait être dupe et de bonne foi ; le deuxième tiers, avide de places et d'honneurs, aurait pourtant reculé devant le sang et le carnage ; l'un et l'autre servirent de *passe* au troisième tiers, bien déterminé à mettre tout *à feu et à sang*, plutôt que de ne pas s'emparer du pouvoir !

Qu'ils ne rejettent point sur la nation la responsabilité des actes dus à leur infernale ambition ! ... Tous ces soi-disant *libéraux* sont responsables devant Dieu et les hommes *du crime*, dont ils portent le stigmate buriné sur leurs fronts *en lettres rouges, ineffaçables !*

Pendant que ces *honnêtes exploiteurs de la Révolution* s'emparaient de la place du Roi, et qu'ils cherchaient, tout tremblants, à consolider entre leurs mains rapaces le riche butin de la fraude et de l'escalade, *Charles X*, le père du peuple, le plus magnanime, le plus vertueux et le plus désintéressé des hommes, présentait, comme son successeur, le jeune *Henri de France*, à l'escorte royale qui l'avait respectueusement accompagné jusqu'à Cherbourg . . . L'heure de l'embarquement allait sonner ; l'auguste frère de *Louis XVI*, du *Roi-Martyr*, se tenait debout sur le quai, au milieu de sa famille, ainsi groupée pour adresser un dernier adieu à cette malheureuse patrie, redevenue la proie de l'imposture et de la félonie ! Toutes les poitrines des assistants à cette scène émouvante étaient douloureusement oppressées, et des larmes silencieuses couraient sur tous les visages.

Seul, le Roi restait calme, majestueux, concentré dans un long regard qui embrassait la *France entière*, cette terre tant aimée ! cultivée, grandie par ses efforts incessants, arrosée du sang de son fils et de son frère, du sang fécond de ses aïeux !

Mais une sainte, Madame la duchesse d'Angoulême, qui allait devenir l'*Antigone* du vieux roi, cette noble fille de *Louis XVI*, celle qui fut *l'orpheline du Temple*, tenait ses yeux rivés au ciel, sa véritable patrie!

Tout à coup apparaît une étoile ... du barreau de Paris, l'un de ces météores brillants qui sillonnent l'espace, tombent et s'éteignent : *c'est Odilon Barrot*, l'orateur des 221 qui venaient de renverser le trône. En cet instant, le Roi resplendissait d'une majesté surhumaine ; il tenait par la main *le jeune comte de Chambord*, qui s'efforçait de maîtriser ses sanglots.

Cet enfant à peine âgé de dix ans, était beau comme un type *de Raphaël*, beau comme *l'espérance!*

Alors, Odilon Barrot, courbé peut-être sous le poids des remords, plein d'une émotion indéfinissable, s'avance et s'incline profondément en disant ces paroles *prophétiques :*

« *Sire, conservez soigneusement cet enfant, car la France en aura besoin un jour !*

Ah ! *Libéraux* de toutes couleurs, depuis le *rose-tendre*, jusqu'au *rouge foncé flamme d'enfer*, vous trouveriez commode que nous n'eussions pas de mémoire, surtout pas de cœur !

Mais nous nous souvenons !

Mais, pour être *contribuables mécontents*, plus que mécontents, *exaspérés* de l'énormité de vos impôts, nous n'en sommes pas moins *Français*, très-sensibles aux causes, aux indignes manœuvres qui ont amené les malheurs de la France.

Continuez à *mentir*, puisque le mensonge est votre élément, mais *votre conspiration du silence* est percée à jour. Nous savons que *Charles X* ne se fit connaître à la *France* que par ses bienfaits, et qu'il immortalisa son règne *par la conquête d'Alger !* Nous le disons à nos enfants, qui le rediront à leurs enfants, pour que d'âge en âge, de génération en génération, ils puissent opposer la pure tradition *aux mensonges inévitables de vos histoires.*

Non, non ! ils n'étaient pas Français, ceux qui chassaient le *Roi* pour s'emparer de son trône, et exploiter odieusement son peuple ; ceux qui démantelaient, nous voulons dire, *ceux qui, cachés dans l'ombre, faisaient démanteler le Château des Tuileries,* et *assassiner ses héroïques défenseurs ! !* ...

De quel pays étaient-ils donc? d'où venaient-ils?... Nous ne savons, seulement de vieilles légendes nous ont appris que *dans un certain milieu,* pas catholique, le pays de *Mandrin,* croyons-nous, le parjure et la trahison, le vol et l'assassinat étaient des actes tout naturels, pendables peut-être en cas d'insuccès, mais tout à fait dignes de la croix d'honneur, *en cas de succès !*

Maintenant, est-il certain que les *détrousseurs* de *Juillet* 1830 fussent tous du pays de *Mandrin?*

Ce qui est sûr, c'est qu'ils étaient des *enfonceurs de portes.*

Pourtant, ce n'est pas tout que d'enfoncer les portes de son voisin, le difficile, c'est de les refermer derrière soi, assez solidement pour que *d'autres enfonceurs*, jouissant des mêmes droits, ne puissent les enfoncer *à leur tour.*

Et c'était bien là ce qui préoccupait les *habiles* de 1830... Bast! on invoquerait le *principe des faits accomplis;* on saurait faire des lois, l'insurrection cesserait *d'être le plus saint des devoirs*, on serait *conservateur!...* et puis des électeurs censitaires à 200 fr. sauraient mieux défendre le nouveau gouvernement que les électeurs à 300 fr. qui n'avaient servi qu'à démolir *Charles X;* et puis, et puis... on aurait l'habileté de céder, de toujours céder à temps, de descendre le *cens* à 100 fr. plus bas, plus bas encore, de tout consentir pour se tenir cramponné au pinacle, pour n'avoir pas à entendre cet affreux discours: *Madame, il est trop tard!*

Tout cela n'était pas mal pensé; seulement on avait beau faire, beau la fermer, la coquine de porte restait toujours entr'ouverte, et les *Ledru*, les *Blanqui, tel ou tel Carbonaro de Suisse ou d'Italie,* ou de quelqu'autre *couche* des profondeurs sociales, s'obstinèrent à passer, à leur tour, en faisant passer aussi *certaine machine de* 89, depuis longtemps mise au rebut comme trop dangereuse; qu'ils venaient de fourbir à *neuf,* après l'avoir achetée, pas cher, d'une vieille friperie.

Avec la machine tous ont passé, les derniers venus passeront, et tout y passera, tout! si...

Hélas! le navire qui emporta *Charles X* sur les côtes de l'Angleterre, emportait aussi *la fortune de la France.*

O *Libéralisme*, ô *Révolution*, où l'as-tu conduite?... qu'as-tu fait de cette noble *France*, naguère si grande et si respectée dans le monde?

Ce que tu en as fait?... tu l'as mise si bas, si bas, qu'on ne peut y penser sans que la rougeur monte au front!!

Est-ce un rêve? n'est-ce qu'un horrible cauchemar?... Arrière sinistre souvenir de *Sedan!*... Tous les chiens *maigres* des pays voisins et lointains, accourus pour se repaître du sang de la grande blessée qui agonisait sur son lit de douleur!... Les noirs corbeaux croassant leur cri lugubre, obscurcissant l'air de leurs phalanges innombrables, tournoyant, planant, s'abattaient sur le corps de l'illustre victime qu'ils allaient *démembrer!!*

Pauvre France, pauvre chère patrie, combien tu as payé cher ta crédulité aux promesses fallacieuses des ambitieux, des empiriques, se succédant sans cesse, les uns aux autres, sous leurs masques de rechange!

Ne fallait-il pas encore que ton immolation à *Sedan* fût un bénéfice pour eux!

Le remède à tant de maux était pourtant bien

connu : *Odilon Barrot*, dans un moment solennel, avait eu la franchise de le signaler. Mais non ! Arrière le seul médecin capable de sauver la France ! Arrière le petit-fils de saint Louis, qui prétend rentrer en Roi, et non pas avili, déshonoré, en *impuissant valet de quelques intrigants vaniteux!!...* Bien plutôt l'horrible *Commune* qu'*Henri V* dont la grandeur eût fait tort *à leur petite taille !*

Et nous vîmes à l'œuvre cette Commune, leur disputant les misérables lambeaux d'un pouvoir traîné dans le sang et la boue ; se livrant, à l'effroi de l'Univers, en face du *Prussien victorieux*, au massacre inénarrable des ôtages !!

Dans les pays barbaresques, quand la tempête gronde, et que les mugissements d'un vent furieux annoncent un naufrage, les ignobles maraudeurs se réjouissent dans leur village, qui n'est qu'un sale repaire de bêtes humaines, où le regard de Jésus-Christ n'a pas encore pénétré. Dès l'aube, on les voit descendre le sentier de leur rocher en une longue caravane se déroulant comme un serpent, gueule béante, qui va s'élancer sur sa proie. Malheur au vaisseau naufragé qui a sombré pendant la nuit sur cette côte inhospitalière ! Malheur aux pauvres échappés de la mer ! Ils vont être égorgés sans merci, car il faut que leurs dépouilles, avec les débris du navire déchiqueté, fassent vivre la horde, au moins jusqu'à la prochaine tempête !...

De même, après 18 siècles de christianisme, il nous a été donné de voir, dans notre France, garrottée, gisant à terre sous le talon du vainqueur, des hordes de fauves, sorties aussi de leurs sombres repaires, pour assouvir, sous la conduite de quelques *fous furieux*, leurs instincts de férocité inouïe!

Du reste, en tous pays, en tout temps, il existe de ces tigres qui n'ont d'humain que le nom, toujours prêts à répondre à l'appel des *histrions affamés* contre *les histrions parvenus*... jamais rassasiés!

Révolution, efface donc, si tu le peux, cette page infâme de ton histoire!

Ah! oui, tu comptes trouver un historien complaisant et intéressé, assez riche de magie pour faire mentir l'histoire, ou tout au moins te laver un peu du sang de tes crimes... C'est trop tard, Thiers vient de descendre dans la tombe, et il ne te reste plus que des écrivains qu'on ne prendra pas au sérieux, peut-être *un Barthélemy Saint-Hilaire,* digne confident et ami de Thiers, un cynique apologiste de *Louvel, l'exécrable assassin* du fils de *Charles X,* du sympathique duc de Berry, *père de notre Henri de France!*

CHAPITRE III.

Monsieur Thiers et son école.

Thiers, par une ambition sans borne et par un rare égoïsme, était capable de faire tour à tour *le bien et le mal.* Il prononça très-habilement d'excellents discours, quand son intérêt personnel l'y poussait, mais, en somme, il consuma sa vie à faire de viles et méchantes actions. C'est à lui et à ses adeptes, que s'applique le vigoureux coup de fouet de *Tacite: Omnia serviliter pro dominatione!* »

Ce fut un des principaux fauteurs de la conspiration de 1830, et la France de 1877, humiliée, *démembrée*, presque effacée de la carte d'Europe doit lui en être *singulièrement* reconnaissante... Il était jeune alors : mais son point d'arrivée n'a pas démenti son point de départ, nul autre de ses congénères ne saurait se vanter d'avoir aussi bien que lui réussi à perdre la nation moralement et matériellement.

Cependant il aimait tant la France, à ce que disent les niais ! Oui, il l'aimait et voulait l'épouser; et parce qu'elle était trop grande pour lui, il résolut de la réduire *à sa petite taille,* pour pouvoir l'étreindre.

Ce moderne *Procuste* vient de mourir, et peu s'en est fallu que les *contribuables* eussent encore à payer les frais de son enterrement ... Car il était pauvre, à peine vingt fois millionnaire ?... Presque tous nos *grands libéraux* meurent ainsi, après avoir généralement sacrifié leur patrimoine au service de *l'Etat.* Il est vrai que ce patrimoine ressemble fort à celui de *Jacqueline.*

Et il est mort sans enfants ! ... « Erreur aussi profonde que momentanée ! » Ses enfants pullulent, comme la mauvaise herbe dans les champs.

Il fut chef d'école, d'une funeste école, dont les élèves foisonnent et ne plaisantent pas, depuis qu'ils sont passés *maîtres.* S'ils rampent parfois, conformément à leur nature, il faut s'en méfier, c'est pour mordre plus sûrement.

Enfin Thiers, *le charmeur*, a eu bien de la chance en mourant sans avoir senti le dard des serpents qu'il prétendait apprivoiser et faire servir à ses desseins égoïstes.

Journaliste en 1830, passé *ministre* après les *soi-disant glorieuses journées de* 1830 ; fort satisfait de son rapide avancement, et désireux d'en jouir le plus longtemps possible, il créa le rôle de *conservateur-libéral.* Convenons qu'il eut dans *l'emploi* la palme du comédien sans rival !

Toutefois, on peut s'étonner de ce que certains royalistes, des *catholiques libéraux*, il est vrai, du reste très-honnêtes, s'appuyent si souvent de *l'autorité du citoyen Thiers.*

Ce qui étonne encore, c'est qu'il se soit étonné, lui-même, de sa chûte en 1848. Les plus forts équilibristes ne sont-ils pas sujets à tomber, lorsque la corde est usée ou trop tendue?... Est-ce que 1848 n'était pas la conséquence logique de 1830, de même que 1848 appelait naturellement *un 4 Septembre* 1870?

Mais l'inconsolable *Thiers* alla pleurer *le bon temps passé* dans le cabinet de ses *chères études*... Seulement il y fit le guet, et il ne tarda pas à s'apercevoir qu'avec les extravagances de ses *imprudents élèves,* il ne lui serait pas impossible de rattraper *la corde,* s'il parvenait, par sa dextérité habituelle, à accréditer dans *l'opinion publique* qu'il était *l'homme nécessaire à la situation.* Alors, vite une brochure! bien panachée, capable de reconforter le cœur de ce pauvre *Prud'homme,* transi, navré des folies et des menaces démagogiques!... Bientôt il ne fut plus question que de la merveilleuse brochure *la Propriété.*

Mais cette œuvre, très-bien tournée, avait le tort de ne prêcher que *des convertis;* elle se heurtait à la puissante logique *des socialistes* devenus, à leur tour, les plus forts:

« *Comment!* s'écriaient-ils, *une nuit du 4 août n'est plus possible;* il n'y aurait plus rien à mettre *sur l'autel de la patrie... allons donc, farceur!* Et vos places, vos titres, vos honneurs, *vos orgies de Grand-Vaux,* vos harems, votre luxe et luxure, *surtout vos écus !* Mais tout cela nous fait envie, et nous y avons autant de droits que vous . . . Est-ce que vous nous croiriez insensibles à vos portefeuilles, à vos coffre-forts ? .... Nous les aimons d'autant plus ardemment, qu'ils se font bien attendre !

La propriété ... Oh ! nous la respectons tellement que nous voulons *la mettre en sûreté dans nos mains !*

Et malgré la brochure qui n'était pas sans valeur .... ni sans venin, le flot démagogique monta, monta toujours ! ...

Un simple rappel au *Décalogue* eût mieux valu que cette brochure, très-bien écrite, mais qui certes ne valait pas la leçon de catéchisme, bien sentie, d'un bon curé de campagne.

L'anarchie, déchaînée par Ledru-Rollin, menaçait de plus en plus de submerger la France, et l'aigle de Boulogne qui, lui aussi, faisait le guet, jugea le moment venu d'exploiter en sa faveur *la machine Ledru.* Alors *l'habile Thiers* manqua sa fortune, mais ne se découragea pas, bien sûr que l'aigle, une fois repu, se laisserait plumer par les *vautours affamés.*

Du reste, c'était dans *l'ordre des immortels principes de* 89.

Thiers, sans aucun principe, sans le moindre scrupule ; disposé à trahir tous les partis, devait, à son tour, arriver au faîte de la puissance. Il y est arrivé, pour y passer comme une ombre ; il est mort, et ce n'est pas nous qui songerions à troubler la paix de sa tombe, si toutes les grosses caisses de la Révolution ne faisaient un vacarme assourdissant pour *chanter les vertus du grand Thiers.*

Les *Légitimistes* se dispenseront d'encenser *le vertueux*, car ils n'ont pas eu d'ennemi plus dangereux, plus perfide et plus redoutable que lui.

Les *Contribuables* lui reprocheront toujours ses maximes sophistiques : « *Plus une nation paye d'impôts, plus elle est heureuse !... plus elle a de dettes, plus elle est riche ! ... l'impôt révolutionnaire n'est plus un impôt, c'est une prime d'assurance que l'Etat restitue au centuple en sécurité* ... A ce compte, les Français doivent être très-heureux, surtout *bien sûrs de leur lendemain !*

Point dédaigneux de l'art oratoire, nous demandons si Thiers fut autant que *Berryer* le prince de l'éloquence moderne ? s'il a surpassé, comme écrivain, le style incomparable de *Châteaubriant ?* questions, du reste, secondaires pour nous, qui nous inquiétons moins de la *phrase* que de nos industries succombant sous le poids des impôts !

Catholiques et Royalistes, avec les honnêtes gens de tous les partis, ressentiront toujours horreur et dégoût de l'acte infâme de *Thiers*, payant *au juif Deutz trente deniers pour qu'il lui livre, morte ou vive, la mère de notre Henri de France,* cette héroïne qu'il n'avait pu *faire brûler, vivante, dans le barbare incendie du château de la Pénissière !*

Etait-il donc Français, cet affreux rhéteur qui venait effrontément faire public étalage de ses turpitudes, en les appelant *sa victoire de Nantes !*

Ah ! qu'on soit républicain ou royaliste, si l'on n'a pas au front *le signe de la bête*, si l'on est encore doué d'un peu de sens moral, tout Français vouera à l'éternel mépris.

Le Cynisme
Du complice de Deutz !

Ce ministre de *Louis-Phillipe* est maintenant devant Dieu, à qui il rend ses comptes ! ... Pourquoi faut-il que les Révolutionnaires nous forcent à parler, quand nous aimerions mieux nous taire, quand nous faisons des vœux pour que *le temps* et de louables *repentirs* ramènent une concorde capable d'effacer les douloureux souvenirs de la *prison de Blaye.*

Mais puisqu'ils veulent absolument imposer à la nation *leur Thiers* comme une idole, c'est un devoir de rappeler à cette nation si souvent trompée ce qu'a été le politicien *Thiers,* afin qu'elle juge s'il est vrai qu'il y ait jamais eu en lui l'étoffe *d'un grand homme.*

Examinons donc, et cherchons avec soin où pourrait se trouver le *grand homme :*

Serait-ce par hasard dans le *sac de l'Archevêché* et de *Saint Germain-l'Auxerrois,* c'est bien obscur, c'est douteux, passons !

Ce n'est point dans les fusillades de la rue *Transnonain, dans les massacres du faubourg de Vaize, dans les lois de Septembre*... Non, non, il n'y a pas là de quoi faire un *grand homme.*

Ah! il fit venir les cendres de Napoléon sur les bords de la Seine: ce fut beau, théâtral... un peu naïf de sa part!

Mais il fut un profond stratégiste, un fameux homme de guerre... Eh oui! *sur le papier.* Les seuls faits d'armes que nous lui connaissions, et tout le monde les connaît, c'est d'abord *sa fuite échevelée*, le 18 mars 1871 ; il en perdit la tête, au point d'ordonner *l'évacuation du mont Valérien!*... Ensuite, c'est de s'être risqué, *pas beaucoup*, sous les remparts de Paris, alors que, *dans son exubérante ardeur contre ses frères et amis égarés*, il gênait fort l'initiative du commandant en chef, qui le renvoya carrément à son cabinet d'affaires, pour signer sa destitution... de lui, *Mac-Mahon*, bien entendu!

Peut-être qu'en des temps moins mauvais, il fut *un grand ministre* digne de la France? Remontons vers le commencement de ses prouesses, en invoquant tous les faits caractéristiques, car c'est par ses œuvres qu'il faut apprécier l'homme public, de même qu'on juge l'arbre à ses fruits.

Expédition d'Ancône. — Premier attentat à l'indépendance du souverain Pontife, des portes furent enfoncées à coups de canons; les lauriers furent chétifs, le profit nul dans le présent, la perte certaine dans l'avenir.

Indemnité Pritchard. — Mais nous en rougissons encore aujourd'hui !

Protectorat de Méhémet-Ali, vice-roi d'Egypte... Attention, citoyens, là peut-être va se rencontrer votre *grand homme.*

Il est si doux aux parvenus de jouer le rôle de *protecteurs !...*

M. Thiers se fit donc le protecteur de *Méhémet-Ali*, autre insurgé contre son souverain le *Grand-Turc.*

Mais l'Angleterre *fronça le sourcil !...* cette bonne amie voulait bien de la *quadruple alliance*, à la condition d'y trouver son compte; elle ne voulait pas que la France se permît d'embrouiller sa situation en Orient: *elle se fâcha tout rouge.*

Alors, notre vaillant ministre, le savantissime ordonnateur des batailles de la Révolution et de l'Empire, se montra courageusement ce qu'il était: *un foudre de guerre !* Il enfourcha son grand cheval de bataille... qui était de *carton*, et avec une impétuosité sans pareille il fit *chanter la Marseillaise* sur tous les tréteaux de France et de Navarre... toujours aux applaudissements frénétiques de *Monsieur Prud'homme*, devenu le personnage considérable de l'époque.

C'était en 1840, lord Palmerston, c'est singulier! *n'eût pas peur*, et pour rassurer ses compatriotes, *légèrement* émus, il osa leur dire, dans un langage fort peu parlementaire :

« *Ce petit Thiers, ce foutriquet, je le ferai passer par le trou d'une aiguille.* »

Dès le lendemain, *l'intrépide Thiers* s'empressait de faire rentrer notre flotte dans la rade de Toulon... « *c'était*, osa-t-il dire aux Chambres avec un aplomb superbe, *pour la tenir à ma portée, au bout de mon télégraphe.* »

L'amiral Lalande et ses braves marins en frémirent de honte et de rage !

Ce fut une cruelle avanie pour la France... qui ne la supporta pas sans l'inscrire au débit des *charlatans qui l'exploitaient en l'avilissant !!*

Et ce *Thiers* était l'incarnation de ce gouvernement *voltairien* qui, au lendemain du glorieux règne de *Charles X*, osait venir, dans une *Chambre française*, pour annoncer l'écrasement de la Pologne, *sous le fer et le plomb du colosse du Nord*, en disant : « L'*ordre règne à Varsovie,* » paroles malheureuses qui retentirent si douloureusement *au cœur de la nation !*

Est-ce à tous ces traits, ô Révolutionnaires, que vous reconnaîtriez votre *grand homme ?...*

Mais Thiers fut souple, servile, bas et rampant auprès des maîtres du monde. Il demanda grâce à l'Angleterre et ne tarda pas à l'obtenir, parce que *Léopard* jugea qu'il pouvait maintenant compter sur sa docilité autant que sur son adresse. On sait aussi que la race féline se plaît à faire sauter, cabrioler *ses lapins*, avant de les occire.

Léopard n'aime pas *les lions* qui dédaignent de le servir; il aime encore moins se battre avec eux, et préfère leur tendre des piéges. Il n'était donc pas fâché d'enrôler à son service *un maître Renard*.

Comme il s'agissait de perfectionner l'engin qui devait attirer dans la *fosse tous les lions de l'Europe*, *Thiers* fut le signor *Vulpinus* chargé d'agrémenter *le traité de la quadruple alliance* d'un *principe moderne*, celui de *la non-intervention*.

C'est pourquoi les *honnêtes* contractants *s'empressèrent d'intervenir partout*..., hypocritement s'il y avait des risques à courir, avec effronterie et cynisme là où ils se sentaient les plus forts. Et c'est ainsi que les dix mille volontaires, anglais ou cosmopolites, sous la conduite du général *Ewaus*, accoururent au secours de la *Révolution* qui expirait *en Espagne*, sous les coups de *Zumalacarrégui*, l'une des plus grandes figures historiques de l'épopée moderne.

L'armée du général Ewaus, par suite d'un accord avec Thiers, mit le siége devant *Irun*, et après l'avoir écrasée de son artillerie entra dans la place, en massacrant les intrépides royalistes qui la défendaient héroïquement!...

Des sommets d'*Handaye* nous assistions, personnellement, les larmes aux yeux, à cette scène de destruction et de carnage. C'est après cet exploit, bien digne de *Mandrin*, que toutes les forces révolutionnaires purent aller se masser autour de *Bilbao*, pour l'arracher au pouvoir de *Charles V*.

Zumalacarrégui défendait cette ville, imprenable tant que ce héros vivait! Mais une balle meurtrière vint le frapper et l'abattre; alors *Espartero* put entrer en vainqueur dans la *capitale de la Biscaye*.

Pour un tel fait d'armes, le révolutionnaire *Espartero* reçut *le titre aristocratique de Duc de la Victoire!* Ce titre emphatique était au moins excessif, et le *parvenu l'accepta sans broncher;* il le porte encore très-sérieusement, dans sa retraite de *Logrono*.

Ils sont partout les mêmes, ces austères démocrates, prônant l'égalité, *seulement* quand ils sont au bas de l'échelle.

Malgré la chute de Bilbao et la mort de *Zumalacarrégui*, l'armée royale restait toujours formidable. Thiers sentait que le triomphe de la *légitimité en Espagne*, c'était la mort du révolutionnarisme en France. De son côté, *la schismatique Angleterre*, poursuivant partout *la grande unité catholique* qui est son *delenda Carthago*, comprenait qu'elle ne pouvait conserver la prépotence dans le monde que par la funeste division des races latines. Il lui fallait donc absolument l'abaissement continu de l'Espagne et de la France! Mais, sachant trop bien compter, elle calculait que l'envoi d'une nouvelle légion de dix mille soldats lui coûterait fort cher, et qu'on pouvait, de quelqu'autre manière, s'en tirer à meilleur compte.

Les pères de 89 avaient déjà fait la fortune de la *perfide Albion,* en s'écriant: *Périssent nos colonies, plutôt que nos principes!* Thiers, fidèle à ses pères, mit volontiers les ressources de son esprit à la disposition de l'*Anglais.* N'était-il pas d'ailleurs comme un préfet occulte de l'Angleterre dans les Gaules? Et celui qui avait su trouver un *Deutz* contre la duchesse de Berry, saurait bien trouver, avec son art accoutumé, au autre *Deutz* contre *Charles V*... On trouva un *Maroto!*

Zumalacarrégui, ce héros antique auquel les païens eussent dressé des autels, venait de rendre sa belle âme à Dieu. Il tombait sous le plomb de ces *libéraux* qui n'hésiteraient pas, plus tard, à verser le sang du *martyr Lozano*, leur prisonnier!... Mais le héros devait revivre dans son fidèle *Lizarraga,* autre incarnation du dévouement et de l'honneur! Et sans aucun doute les braves *Carlistes,* en face de francs adversaires, allaient sortir triomphants de la lutte.

C'est alors que le général *Marot* qui jouissait d'une renommée surfaite, se présenta en ami dévoué, pour remplacer le regretté *Zumalacarrégui.* A force de souplesse et de protestations perfides, il parvint à capter la confiance du Roi; il fut, hélas! préféré au jeune et loyal *Lizarraga,* trouvé trop jeune; il obtin malheureusement le commandement en chef de l'armée royale!

Ainsi s'introduisit le *traître* au cœur de *la place!...* Bientôt le *lion catholique et légitimiste,* toujours prodigue de son sang, non vaincu, mais trahi, se laissa prendre dans l'infâme *guet-apens de Vergara!!*

Et voilà comment les *libéraux,* comment *leurs habiles* respectent les vœux et les droits des peuples!

Alors Thiers fut triomphant, il put redire le *libéral refrain: L'ordre règne à.... Bilbao.* »

Mais la mort des héros qui tombent massacrés pour leur foi, pour leur liberté et leur Roi, est autrement affirmative que des votes inconscients ou anarchiques, achetés ou surpris, préparés, frelatés dans les officines d'un journalisme sans vergogne, qui se pose audacieusement comme le représentant de l'opinion publique, et fait accroire aux *dupes* que l'Etat n'a été fondé que pour nourrir et engraisser tous les rats des égoûts.

Non, non! *les Thiéristes* avec leur fard, les *coupeurs de têtes* avec *la terreur,* n'anéantiront jamais dans le monde *le légitime, le droit,* qui est à la genèse de l'humanité comme *un soleil moral,* ne se troublant pas de ce que quelques myriades d'étoiles filantes ont le sot orgueil de vouloir le braver...

Avec leur *principe* commun, *ôte-toi que je m'y mette,* aidés par les professeurs de *matérialisme,* ils pourront faire souffrir *le légitime...* mais le tuer jamais!

En Espagne, après *Charles V* apparaît aujourd'hui *Charles VII*, jeune prince héroïque, déjà légendaire, et qui n'aspire qu'à être *le libérateur et le père de son peuple*... Les Pyrénées ont toujours des tressaillements qui épouvantent l'imposture, et nous entendons encore les sourds grondements de la montagne frémissante, toujours prête à s'entr'ouvrir le sein généreux, pour y abriter son jeune héros!

Don Carlos vaincu hier sera vaiqueur demain : de l'Océan à la Méditerranée, de la *Bidassoa* jusqu'à l'*Ebre*, il existe un magnifique réservoir de patriotisme et de fidélité, qui ne tarit jamais!

De là vos soucis, Révolutionnaires de France aussi bien que d'*Espagne*, alors qu'il vous faut trembler aussi devant l'ours que vous avez si imprudemment démuselé!

Allons! queles Républicains, ou soi-disant républicains, encensent *Thiers* tant qu'ils voudront pour tout le mal qu'il n'a cessé de faire à la *vraie royauté*, cela se comprend.

Mais que des Royalistes, ou plutôt de *soi-disant* royalistes, prennent l'air de grimacer quelques pleurs, au souvenir de cet habile démolisseur de trônes; qu'ils se soient laissé prendre à Bordeaux dans les filets de ce perfide rhéteur, c'est ce qui passe toute imagination!

La seule excuse qu'ils pouvaient invoquer, à la rigueur, c'était peut-être le besoin de *nettoyer les écuries d'Augias;* mais aujourd'hui, après leurs vilaines manœuvres de 1873, ils n'ont plus l'ombre d'une excuse !... Et parce que le Roi refusait de rentrer en valet, ils se sont mis à *bâcler* une constitution républicaine, sans se douter, les braves politiciens, qu'ils travaillaient pour d'autres que pour eux !... *Thiers* était vieux, on trouverait moyen de l'envoyer *au cabinet de ses chères études;* on rêvait des *portefeuilles*, on rêvait tout *en rose*, et voici que tout apparaît *en rouge, rouge sang de bœuf!!*

Pourquoi les héritiers naturels de *Thiers*, maintenant qu'ils sont débarrassés de lui, et qu'ils jouissent de sa belle œuvre, ne lui dresseraient-ils pas des statues peu gênantes pour eux?... Avec un peu de bonne volonté, ils oublieront quelques dures vérités dites pour les besoins du moment: *La République, violente ou modérée, a fait ses preuves en France, elle tourne toujours au sang ou à l'imbécillité.* »

Bah! ils ne se rappellent que les dernières paroles dites aussi *pour la circonstance:* « *La République est excellente, c'est le gouvernement qui nous divise le moins.* »

Mais toutes les statues possibles ne feront pas que Thiers n'ait profondément méprisé tout ce qui *n'était pas lui*, et surtout, à l'exemple de son maître Voltaire, « *cette vile multitude*, qui lui faisait une si grande peur, *au* 18 *mars* 1871 !

Il était ambitieux et despote, et ne pouvait se

passer du pouvoir. La présidence seule pouvait le satisfaire en République. Mais une royauté qui l'eût fait premier ministre, il s'en serait accommodé, faute de mieux. Il est même permis de penser que s'il eût assez vécu pour voir le retour d'*Henri V*, il eût daigné, plutôt que de n'être *rien*, accepter ou du moins solliciter *l'honneur de jouer les Talleyrand* auprès des grandes Cours de l'Europe, où il aurait aussi, très-volontiers à son tour, exalté *la sainteté du droit héréditaire et monarchique*,... sauf, bien entendu, à le trahir à la première occasion.

Certes, il aimait mieux travailler *pour son compte;* il sut faire de bonnes petites affaires en faisant le métier d'enterrer *les rois.* Il avait tellement l'habitude de creuser des fosses, qu'il n'eût pas même hésité à en creuser une pour sa *chère République*,... le jour où *l'ingrate* n'aurait plus voulu de lui. Telle est la force de l'habitude, que s'il eût continué de vivre, la France risquait fort d'être enterrée par lui.

Finissons de lui rendre pleine justice : il eut l'art de captiver jusqu'à ses victimes, et, dans ses filets habilement tendus, soigneusement amorcés, il prit beaucoup d'honnêtes gens qui ne s'en aperçurent que trop tard, alors qu'ils étaient saisis et fatalement entraînés dans l'engrenage révolutionnaire. Ce fossoyeur émérite savait recouvrir artistement sa fosse d'un plancher vermoulu, mais jonché de fleurs sur le quel, au son de la flûte, car il était bon musicien, venaient danser les filles pimpantes de *Monsieur Prud'homme.*

Ce M. *Prud'homme* est, si l'on veut, une sorte de *Minerve* prétentieuse, sortie, tout armée d'aphorismes ridicules, de *la cuisse de Jupiter*... ou plutôt du cerveau fantaisiste d'un bien spirituel auteur, *Henri Monnier.*

Selon nous, il serait plus exact de dire que *M. Prud'homme* est un type de bon ordre dans la rue, dans sa maison, dans son livre de caisse. Pas fort en logique ni en histoire, il n'en est pas moins très-intelligent, laborieux et économe ; il excelle dans le commerce et l'industrie. S'il n'est pas *la science, il est le succès, il gagne de l'argent !* ... De l'argent si estimé, plus estimé que Dieu, du moins en certains endroits, par le vent pestilentiel qui souffle. C'est donc une puissance avec qui tous les gouvernements *de rencontre* doivent compter.

Thiers le comprit bien, et déploya toutes ses ressources de séduction pour flatter et circonvenir le type *Prud'homme*, dont la Révolution avait le plus grand besoin *pour ne pas faire peur.* Faire de lui un *révolutionnaire* inconscient sous le titre de *conservateur libéral,* c'était le comble de l'habileté politique ! ... Il n'a que trop bien réussi, et *Prud'homme* qui commence à *trembler pour sa caisse,* s'en aperçoit trop tard. On lui avait dit que la machine *Ledru* n'était point dangereuse, qu'elle était savante, gouvernementale, pacifique, docile, tout au plus susceptible de quelques écarts, et que d'ailleurs elle avait beaucoup d'analogie avec *la lance d'Achille, qui guérissait les blessures qu'elle avait faites.* Il ne s'agissait enfin que de savoir s'y prendre pour en obtenir le *meilleur rendement.*

Mais... mais ne l'aurait-on pas indignement trompé?... Il y réfléchit avec anxiété.

Concluons ici notre étude sur *Thiers!* Si *Tite-Live* vivait encore, il le peindrait ainsi : *Parvus staturâ, non autem magnus prodigioso artificio.* »

Allons! citoyen Thiers, vous êtes passé sans avoir été *le grand homme;* que votre orgueil posthume se console, s'il se peut, en pensant que c'est le lot de vos élèves qui recommencent vos tours d'escamotage, sans être doués de votre étonnante dextérité.

Hélas! les loups vivent entre eux, et les Révolutionnaires se dévorent entre eux. Encore s'ils en restaient là!... Mais patience! la Révolution passera à l'heure que Dieu a fixée : *la France mutilée, humiliée, démembrée,*

Se relèvera de ses ruines!

CHAPITRE IV.

Broyeuse de rebut fournie par les brocanteurs en guise du vrai suffrage universel. Tromperie dans la qualité de la marchandise vendue !

Nous n'avons pas l'honneur d'être savant, et nous ne sommes pas *habile*, ni *tacticien*, *ni* rusé; nous appartenons donc à l'immense classe des *simples*, contents de gagner leur vie en travaillant et priant. Mais nous avons un peu de ce sens commun dont Dieu a bien voulu doter l'homme en le faisant naître.

Et ce sens commun nous permet de voir qu'il y a des *principes primordiaux*, *éternels*, *immuables*, imposés par Dieu lui-même, visibles par tous, excepté par ceux qui veulent fermer les yeux à la lumière. Oh ! nous sommes libres de nous en écarter, sauf à être châtiés, sauf à souffrir, et à nous repentir si Dieu nous en donne la grâce.

Aujourd'hui nous en sommes tous à peu près à nous repentir, soit ouvertement, soit seulement dans notre for intérieur, par suite de *lâcheté* ou de *respect-humain*, ce qui est la même chose. Il est néanmoins permis d'en conclure que la fin de notre châtiment, c'est-à-dire de la Révolution, va survenir dans un temps assez proche.

Hors des dits *principes immuables*, c'est *la nuit*, c'est le *chaos*, car d'eux seuls dérive *tout droit, toute justice, tout ordre social.* Qui aime la nuit et le *chaos*, sinon *les voleurs ?*

La Révélation a commencé avec le premier homme, le gros bon sens l'affirme avec *l'Ecriture sainte*, Dieu n'ayant point mis sa créature humaine sur la terre sans lui donner *quelques principes* de conduite, quelques notions *du bien et du mal*, ce que cette créature n'eût pu deviner d'elle-même, pas plus que ne le peuvent deviner les *singes et les crapauds.*

Parce qu'il y a des fous qui se prétendent *savants* en niant Dieu et sa *Révélation*, est-ce une raison pour être stupide comme eux ? Tout gouvernement qui se respecte leur doit simplement une *camisole de force.*

C'est Dieu qui a pris lui-même le soin de constituer la famille : telle est l'affirmation chrétienne depuis *l'origine du monde*. Et devant cette affirmation, la négation d'un *Darwin*, d'un *Littré* ou de quelques autres *plaisantins* ne serait que risible, si un tas de badauds ne s'en emparaient pour s'excuser, à leurs propres yeux, de leur penchant naturel à *satisfaire* plutôt qu'à *réprimer leurs goûts dépravés.*

On n'a pas besoin d'être théologien pour voir que l'homme ne naît pas *souverain*, qu'il naît *sujet* d'un chef qui est son père, son protecteur et son roi. Certes, le petit poulet qui, s'échappant de sa coquille, court, cherche et trouve sa nourriture, naît plus indépendant que l'homme; mais qu'y faire, puisque le *souverain Maître l'a ainsi réglé !*... Ah! si les démagogues pouvaient, au moins, choisir *leur papa*, le soumettre *à leur scrutin de votes*, quelle nombreuse et effrayante famille vous auriez, Monsieur de *Rotschild !*... Mais rassurez-vous, vénérable pontife *du veau d'or*, aucun homme n'a eu et n'a jusqu'à présent le pouvoir de choisir son père, son chef de famille.

Qui donc alors le choisit et l'impose à quiconque vient en ce monde?...

Poser la question, c'est la résoudre: *évidemment c'est Dieu !* et il faut être aveuglé par la malice ou l'orgueil pour ne pas reconnaître là le *principe du droit divin.*.

Nier ce principe, le ridiculiser, le combattre, c'est combattre contre Dieu, et c'est tout simplement de la folie! Qu'on le veuille, ou qu'on ne le veuille pas, *le chef de famille est le roi dans sa maison de par la grâce de Dieu.*

Et Dieu veille lui-même à ce gouvernement de la famille; c'est lui seul qui a décrété *l'amour et le dévouement du père pour ses enfants, l'obéissance et le res-*

pect des fils envers leur père. Malheur aux familles où ce décret est violé, la punition ne se fait pas longtemps attendre!

En se groupant, sous le souffle de Dieu, *en sociétés, en nations,* les familles n'ont eu d'autre but que de mieux défendre leurs intérêts moraux et matériels contre les usurpateurs ou ravisseurs qui n'ont jamais manqué depuis *Abel et Caïn,* et qu'on retrouvera toujours prêts à fondre sur leur proie, jusqu'à la fin des temps.

D'après la loi naturelle qui fut le premier guide octroyé à *l'homme* par son *Créateur*, les biens de ces familles doivent se transmettre légitimement, de père en fils, sans être à la merci du premier despote venu qui, *par la force ou la ruse,* viendrait à usurper les pouvoirs de la nation. Et c'est pour parer à un tel danger que *nos pères*, qui valaient un peu mieux que les *prétendus pères de* 89 *et* 93, eurent l'intelligence de comprendre qu'il fallait instituer à leur tête une monarchie puissante, mais faite à l'image de la famille, héréditaire comme elle, et comme elle puisant sans force dans l'auguste *principe du droit divin.*

Malgré tous les quolibets, les sarcasmes bêtes du *libéralisme*, tout cela porte le cachet du bon sens, avec lequel les *vrais principes* sont toujours en parfaite harmonie. Aussi, a-t-il été donné de voir le spectacle grandiose de notre vieille Société française parvenant, sur le sol sauvage des *Druides*, à fonder, de siècle en siècle, d'effort en effort, *de progrès en progrès* la plus féconde et la plus glorieuse monarchie du monde.

C'est cette vieille société progressant toujours, se réformant sans cesse, qui, sous l'égide de ses rois, a fait *sans vous* cette France, *ô libre-penseurs*, dont vous jouissez en sibarites, en ingrats, comme les bœufs jouissent de l'herbe d'une prairie, *en pensant librement ce qu'ils pensent.*

Soit! *la légitimité* peut se passer de votre reconnaissance. Vous n'êtes que des instruments qui seront brisés le jour où la France, devenue aventureuse, aura expié ses torts. En attendant, vos artifices et vos mensonges pourront nous faire souffrir; ils ne pourront faire que le *principe de souveraineté* réside ailleurs *que dans la famille représentée par son chef!*

La nation commence à s'apercevoir qu'elle fut volée, le jour où *vos pères de* 89 dépouillèrent *la famille de son droit imprescriptible de souveraineté*, pour l'attribuer *hypocritement* à l'individu, c'est-à-dire *pour l'anéantir en le pulvérisant*, afin que tous les intrigants, tous les ambitieux, tous les ravisseurs, pussent enfin escalader, tour à tour, les sommets du pouvoir, et devenir les maîtres de son sang et de son or!

Il y a autant d'absurdité que d'emphase dans leur *déclaration des droits de l'homme*... de quel homme!... *de l'homme des bois* sans doute.

Joseph de Maistre disait, en se moquant d'eux : « J'ai vu des Français, des Allemands, des Anglais, des Espagnols, des Italiens, des Russes, des Persans il ne m'est pas arrivé de rencontrer *l'homme*, l'homme tout court, l'homme abstrait. *Je demande qu'on me présente l'homme !* »

Nous, aujourd'hui, après une trop longue et trop cruelle expérience, devant l'amoncellement de nos ruines morales et matérielles, nous tous Français, qui voulons vivre et réparer nos désastres, nous demandons énergiquement que la famille soit réintégrée *dans son droit de souveraineté* qui lui fut si *hypocritement extorqué, pour le malheur de la France !*

Nous ne voulons plus que le *suffrage universel* soit détourné de sa véritable voie. On en a fait une machine de destruction et d'anarchie, il faut qu'il devienne, *honnêtement exercé,* notre ancre de salut.

Et sans nous attarder dans les brouillards de la théorie, pour qu'il soit mis le plus tôt possible en pratique, nous demandons, au nom de la raison, du droit et de la justice :

1°. *Qu'aucun cens électoral,* ne fût-il que d'un franc, ne vienne limiter le droit de suffrage, qui appartient à toutes les familles, *riches ou pauvres.*

2°. Que le *suffrage universel* soit exercé par *les chefs de famille, auxquels seuls il appartient.*

3°. Que les électeurs élisent dans chaque commune

leurs *conseillers municipaux,* qui, à leur tour, nomment librement *leurs maires.*

4°. Que ces conseillers municipaux, honorés du choix des électeurs, aient mission de nommer *les députés aux grands corps de l'Etat.*

5°. Que tout homme investi d'un ministère social, *quoique non marié, ou sans enfants,* ssit assimilé au *père de famille.*

6°. Que les fonctions de député *soient gratuites,* comme elles l'étaient sous la *Restauration.*

7°. Que des mesures efficaces soient prises pour que l'entière liberté des élections de *la commune soit mise à l'abri des influences du dehors.*

Voici nos motifs :

Ne sont point valables en *justice* les actes de ceux qui les font sans savoir ce qu'ils font; c'est une loi de simple bon sens. Est-ce que, dans la pratique actuelle, elle sait ce qu'elle fait, la majorité des électeurs, simples, honnêtes, mais grisés, aveuglés par un *despote enragé, le journalisme,* qui se moque pas mal des barrières de *carton* que *la niaiserie* lui oppose.

Donc, le suffrage universel ne peut être exercé avec sincérité en dehors de la sphère où chaque électeur a la possibilité *d'agir en connaissance de cause.* Dans une commune tous les habitants se connaissent et peuvent mutuellement s'apprécier, Ils n'ont pas besoin qu'un préfet ou, ce qui est pire, que des journalistes viennent dicter leurs choix; qu'un *comité* de Paris, qui ne les connaît pas, qu'ils ne connaissent pas, leur prépare ses *candidats officiels*, et fasse, à leur place, les élections de la commune; car, alors, ce n'est plus une élection qui se fait, c'est *une jonglerie scandaleuse!*

Est-ce que la raison n'admet pas que les conseillers communaux librement élus par leurs concitoyens, ainsi honorés de leur confiance, deviennent aptes à élire, à leur tour, les députés aux grands corps de l'Etat, c'est-à-dire des *législateurs* dont le choix n'est pas à la portée du premier venu.

Qu'importe que le nombre des électeurs soit plus ou moins grand, l'essentiel, c'est que *la vérité et le droit* cessent d'être opprimés. D'ailleurs, le caractère *du suffrage universel* ressort de ce fait capital: *que le pauvre et le riche*, sans besoin d'aucun cens, ont *des droits égaux dans les élections politiques.*

Il est temps que le père de famille soit enfin réintégré dans sa dignité primordiale, et que la commune, asservie, reprenne la légitime influence qui lui appartient; il est temps qu'elle ne serve plus de marchepied à l'intrigue, à tous les corrupteurs et démolisseurs de l'ordre social. Redevenue l'une des bases fondamentales de nos institutions politiques, la commune serait réhabilitée! les honnêtes gens, au lieu de se tenir à l'écart, se rapprocheraient davantage de leurs concitoyens ; il y aurait une émulation précieuse dans le bien, dans les services réciproquement rendus, et tous se grouperaient avec empressement autour de l'urne électorale, respectable et respectée, tandis qu'aujourd'hui elle n'est qu'un perfide *traquenard* où les partis vont se faire prendre tour à tour.

Tel serait *le suffrage universel, honnêtement exercé.*

Il serait le salut de la France ! ... Seul, il peut nous débarrasser de ces nuées de *silocks* qui prendraient notre chair, si nous ne leur comptions notre dernier sou.

Et parce que ce système d'honnêteté et de vérité ne serait pas au goût de quelque centaine de *brigands embusqués dans la presse,* il faudrait attendre pour agir que la France devînt comme *un charnier de la rue Haxo ! ! ...* Mais, grand Dieu ! *ces reptiles* ne sont pas la nation, ils mentent quand ils le disent ; *un égoût n'est pas la Seine !*

On commence à s'en apercevoir ; on ne sait pas assez que le journalisme *est une boutique, où l'on vend, où l'on se vend, où l'on se prostitue ! ...* et quand nous disons *boutique,* c'est par euphémisme, par modération de langage, car au fond, le *journalisme* est un *repaire où se réfugient les spadassins qui tuent pour de l'argent, les voleurs habiles, mais trop lâches pour risquer leur vie, au coin d'un bois, sur les grands chemins !*

Inutile d'ajouter qu'il ne s'agit pas ici de la presse honnête, dont les écrivains, quelque éminents et courageux qu'ils soient, peuvent tout au plus enrayer le mal, mais non l'empêcher de déborder par le moyen de toutes les séductions du mensonge et de l'hypocrisie.

Comment les *journalistes démagogues* ne seraient-ils pas *les tyrans de la France*, lorsque des intrigants présomptueux ont mis à leur disposition un engin de destruction, le plus perfide et le plus redoutable qu'ait jamais pu rêver le génie de *Satan !*

Devant cet engin s'inclinent respectueusement *le libéraux* de toutes nuances, *roses ou rouges*. Il figurera probablement à la prochaine exposition internationale de 1878. Dans tous les cas, nous pouvons donner ici la description de son agencement très-bien combiné en vue de son objectif :

La matière est d'abord mise en A, où elle est soumise aux préparations et infusions nécessaires à sa malléabilité ; puis elle tombe en B, grande fosse où elle est délayée par un agitateur puissant ; de là une courroie sans fin la transmet au broyeur C, qui la réduit en granules homœopathiques parfaitement décortiqués ; il n'y aura que la peau d'enlevée. En cet état, elle est prête à passer au four D vivement chauffé par tous les soufflets du journalisme, afin de faire éclore en quelques heures cinq cents législateurs à la fois,

C'est très-fort, mais cela est !

Comme on le voit, c'est à la fois *une broyeuse et une pondeuse.* Elle ne saurait pondre sans avoir broyé, ce qui est assez naturel.

Précisément parce que cette *machine* produit beaucoup, elle consomme beaucoup. Son broyeur s'userait à ne rien faire, et il tient à avoir toujours quelque chose sous *la dent.* Pour le mettre au repos, il faudrait pouvoir barrer plus aisément *le fleuve rougeâtre* qui charrie sans cesse l'onde marneuse de milliers d'affluents; or, c'est ce fleuve qui procure avec excès la force motrice du monstre, et lui donne un furieux appétit ... à ce point, que pour suffire à son alimentation 36,000 collecteurs ou *traquenards* sont répartis dans toutes les communes de France, en vue d'y pourvoir, et encore le *vorace* fait le difficile, il lui faut *une matière de choix*, *on la lui passe au crible !*

Ce monstre est très-honoré, très-adulé par ceux dont il favorise *les honnêtes* affaires, en attendant qu'il les dévore à leur tour ! Pour le moment il jouit d'un beau nom, de celui *d'oracle infaillible.* Quelques-uns pourtant se permettent de l'appeler *la bête Ledru ou la machine Ledru.* A nos yeux, c'est simplement *une machine broyeuse bien inventée pour tout aplatir, tout réduire en poussière !* D'ailleurs *Ledru-Rollin* n'en fut pas l'inventeur, pas plus que *les pères de* 89. Un certain amateur d'antiquités, vieux polisson, nommé

Jean-Jacques, qui mettait ses enfants bâtards *à l'hôpital*, la découvrit chez un marchand de *brick à brack* parmi des vieilleries rouillées de l'ancienne Grèce. Les *bons pères* en furent émerveillés, mais après l'avoir fait fonctionner à outrance pendant quelques années, reconnaissant qu'elle prenait dans ses engrenages aussi bien *les frères et amis* que les ennemis, ils jugèrent prudent de la mettre *au rebut*, ce qu'ils firent sans beaucoup de peine, *et à la grande satisfaction de tout le monde!* Plus tard, *en* 1848, *Ledru-Rollin, citoyen vertueux et désintéressé, comme on sait*, descendit dans des souterrains bien sombres et eut le bonheur de la déterrer. Il la remit *à neuf*, pour la faire servir *au progrès* ... de sa fortune. Qu'à cause de cet *éminent service*, et par reconnaissance on la nomme *Machine Ledru*, cela n'a aucune importance!

Elle n'en est pas moins stupéfiante! Si l'on ne craignait de la surmener, on pourrait lui faire pondre, chaque mois, une nichée de cinq cents nouveaux législateurs. Mais Dieu nous en garde! ils prennent trop cher pour l'ouvrage qu'ils font.

Songez donc que l'*antiquité* mettait des siècles pour en produire cinq : *Lycurque, Solon, Socrate, Platon, Moïse* ... encore n'avaient-ils pas la naïveté d'invoquer l'autorité des *dieux* pour faire sanctionner leurs lois! ... Quel besoin de Dieu, quand on a *l'autorité du gendarme?*

C'est au bruit du tonnerre, à la lumière des éclairs,

que *Moïse*, entouré des flammes du *Sinaï*, écrivait derrière un buisson ardent, sous la dictée de *Jéhova* cet immortel Décalogue qui régit encore le monde civilisé ... Mais combien *nos esprits forts, les libre-penseurs* sont plus *avancés !* Leurs myriades de *législateurs* fabriquent en courant, ou en bâillant, ou en se disputant, des myriades de lois, au grand plaisir des légistes, mais au désespoir des plaideurs !

Toutefois, des succès si énormes devaient appeler d'ardents compétiteurs.

Après 1848, un mécanicien qui avait fait de mauvaises affaires en Italie et s'était réfugié en Suisse, vint offrir ses services à la République d'alors, qui ne les agréa pas sans méfiance, et cependant les agréa, *tant elle était sûre de l'immortalité qu'elle s'était octroyée au moyen de sa précieuse machine*, et parce qu'elle n'admettait pas qu'il y eût au monde un téméraire capable d'attenter au monopole que compère Ledru lui avait libéralement donné pour l'exploitation de sa chère broyeuse.

Ce mécanicien avait longtemps travaillé dans les ateliers de la franc-maçonnerie ou du *carbonarisme* qui n'en est qu'une des nombreuses variétés. Il avait donc de l'expérience dans son art, et après avoir étudié cette dangereuse *bête-Ledru*, il comprit que pour la manœuvrer à son profit, il lui suffirait d'en graisser surabondamment les ressorts.

Fils de la Révolution, il renia sa mère: ce n'était

pas bien, mais c'était *habile*. Dès les premiers jours, il avait jugé que la machine était entre les mains de maladroits utopistes qui, d'ailleurs, n'avaient pas su inspirer la moindre confiance à la nation *affamée d'autorité, d'ordre et de justice*. Moins beau parleur que Thiers, mais *prince* par la grâce de *l'égalité*, et doué d'aptitudes sournoises ou de connaissances spéciales, il résolut, non de briser *la machine*, comme avait fait son oncle après le 18 *brumaire*, mais au contraire de la cultiver avec les plus grands soins, pour éviter *ses grincements de dents*.

Sournoisement, sans bruit, il organisa la puissante compagnie des *broyeurs*, au capital social de 000,000 en chiffres, mais de *cinq cents millions d'audace!* En peu de temps les *actions de cette compagnie* montaient, pendant que les actions de la République *baissaient*. Enfin, vint le 2 *décembre* 1852, jour où, devant quelques canons braqués les *Révolutionnaires* qui, avec leur emphase habituelle, se proclamaient des *lions*, montrèrent qu'ils n'étaient que des *lièvres* et abandonnèrent la merveilleuse machine aux mains du nouveau maître.

Le fait est que celui-ci sut la faire marcher docilement pendant 18 ans; elle rendit *tous les oracles sacrés* qu'il lui ordonna de rendre. Et pourtant elle est d'un naturel aussi inconstant qu'il est féroce dans ses écarts. Mais, après 18 ans d'une docilité vraiment exemplaire, elle sentit le besoin de revenir à ses anciens exploiteurs. Au *quatre Septembre*, elle eut le bonheur de les revoir, et dès lors ses bons amis les journalistes en obtinrent, à leur tour, tous les *oracles qu'ils voulurent*. Quand elle parlait, *c'était la nation qui parlait*. Et comment ne pas y croire, quand on voyait *s'incliner devant elle* des hommes éminents, mais assez naïfs pour espérer de l'enrayer ou de la diriger vers le but de leurs rêves. Mais avant tout il faut qu'elle broye et qu'elle détruise ! Messieurs *les ministres du* 16 *mai*, vous aurez beau l'encenser, vous ne changerez pas sa nature. Et puis elle ne reconnaît maintenant que le *journalisme* pour son maître, qui a eu le temps d'apprendre, à la bonne école du *dernier renversé*, la méthode sûre du *graissage de ses ressorts*.

Continuez, si vous le voulez, à pousser les populations à l'adoration de l'idole, mais elles commencent à comprendre combien elle leur coûte cher à nourrir, et les *contribuables* exploités, broyés, ou simplement décortiqués, tiennent, au moins, à conserver leur peau. Ils trouvent que les intéressés de la nouvelle compagnie des broyeurs peuvent seuls être mécontents de voir peu à peu le vide se faire autour d'eux, vide dont ils ont naturellement horreur, vide que nous sommes, à peu près tous, coupables de ne pas avoir fait dès le premier jour de leur entrée en fonctions.

Enfin, quoiqu'un peu tard, l'unanimité se fait

pour reconnaître que nous avons été horriblement trompés en acceptant *la manivelle Ledru* pour *le suffrage universel*, alors que son véritable nom est *le mensonge universel*.

On se souvient que *les électeurs* à 300 fr. ont privé le peuple de son père, de son énonome, du magnanime *Charles X*, qui venait de doter la France de l'Algérie, et qui se contentait, pour gouverner, d'un budget de *huit cents millions*, quand *trois milliards* sont à la veille de ne plus suffire *au libéralisme* des Révolutionnaires!

On se souvient que les électeurs à 200 fr. ne valurent pas mieux que ceux à 300; qu'ils se mirent à démoraliser la France sous la conduite de Thiers, qu'ils ouvrirent la porte à tous les *chevaliers* d'industrie et rendirent possible l'épouvantable désastre de Sedan, la rançon de cinq milliards, la perte de deux magnifiques provinces, et pour comble de malheur, *la sanglante orgie de la hideuse Commune!!*

Non, non! l'argent n'est pas un signe de *capacité électorale*, et d'ailleurs toutes les capacités imaginables ne sauraient tenir lieu *d'un principe*.

Rendez-nous donc *le vrai suffrage universel*, honnêtement exercé par ceux à qui il appartient, *par les pères de famille riches ou pauvres!*

Oh! nous ne sommes pas ici pour faire de la rhétorique, et nous ne craignons pas de nous répéter, et nous répéterons *notre légitime revendication* tant que nous vivrons, jusqu'à ce que justice ait été faite.

Croyez-le bien, cette justice salutaire, indispensable, sera rendue par plus puissant que vous... *par la nécessité!*

Ministres *du* 16 *mai*, vous vous époumonnez à crier que vous n'êtes pas des cléricaux, nous le savons bien; que vous êtes *les fils de* 89, c'est très-*rassurant!* Osez donc ajouter que vous êtes encore mieux *les fils de* 1830!

Nous vous reconnaissons parfaitement, vous êtes toujours ces doctrinaires qui, pour faire durer le mal *à leur profit*, savent le mélanger d'un peu de bien, comme certains docteurs qui savent recouvrir de sucre *l'arsenic* qu'ils administrent à leurs malades.

Loin de nous la pensée de vous traiter d'*empoisonneurs*, nous vous croyons même de bonne foi; vous avez peut-être de bonnes intentions, mais vous êtes au moins des présomptueux, quand vous vous croyez de force à manœuvrer *le broyeur Ledru*. Vous ne réussirez pas à la manœuvre, et vous vous laisserez prendre dans les engrenages, par la raison, duc de Broglie, que si vous avez appris, à l'école de la Roche-en-Brenil, à sophistiquer le catholicisme, vous n'avez fait aucun apprentissage dans la compagnie *des broyeurs*. Un seul, à peine, de vos collègues pourrait montrer *son diplôme*.

Ministère des ducs, vous serez le *ministère des dupes*,

et vos titres d'académiciens ne vaudront pas ce que vaut *un bon graisseur* de la machine (1).

Les présomptueux sont presque toujours des maladroits. Quel besoin aviez-vous, lorsqu'il vous était si facile de vous taire, de tant crier que votre gouvernement n'est pas *un gouvernement de curés*, qu'on vous calomnie, quand on vous appelle *des cléricaux!* Qu'est-ce à dire! Si ce n'est pas le cri de *Néron: Christianos ad bestias,* c'est au moins un cri de *Julien-l'Apostat: Catholicos ad infamiam!...* Et les fauves ne s'y trompent pas; des villes où ils pullulent, ils viennent infester nos villages; jusque dans nos champs les *pavots* étouffent *les lis* qui s'obstinent à renaître, et dans nos bois, l'orfraie chante la mort! D'ignobles rats rongent la racine des arbres, dont les hautes branches plient sous le poids des perroquets et des paons; déjà les *chakals et les renards y foisonnent!...*

Ah! *catholiques-libéraux*, qu'avez-vous fait de la France! à la merci de quelles mains l'avez-vous mise!!

(1) Par déférence pour des amis très-estimables, mais dont nous ne partageons pas les opinions ni les illusions, nous consentons à laisser dormir cette brochure jusqu'au jour où, désillusionnés de leur vain espoir sur le succès de l'*Union conservatrice*, ils jugeront qu'il est utile de la publier.

(*Note de l'Auteur*).

Pourrez-vous bien vous étonner si le 14 octobre prochain les catholiques répondent à votre convocation électorale, en disant qu'il y a dans leurs maisons de *grands enfants* et des *subordonnés* qu'on aime et qu'on respecte, mais dont on veut être respecté, en ne jouant pas avec eux une stupide partie d'échecs, encore moins avec les piliers d'estaminets et de cabarets, avec des ivrognes qui cuvent leur vin dans le ruisseau de la rue ! ... S'ils vous répondent simplement qu'ils vont bien à l'église pour prier et y voter à leur manière, mais qu'ils n'entrent jamais dans un tripot dont les *croupiers*, toujours prêts à se prendre aux cheveux, perdants ou gagnants, se traitent réciproquement et publiquement de *tricheurs ou voleurs*, de *suborneurs*, *de faussaires !*

D'ailleurs, tout homme qui a son bon sens et se respecte ne s'abaisse jamais à jouer avec des *Grecs* dont il sait les cartes *biseautées*.

Nous n'ignorons pas que *prêcher l'abstention* par le temps qui court, c'est un rôle très-ingrat. Cependant nous eussions bien fait de la pratiquer dès le premier *jour où Ledru-Rollin* présenta *son ours* comme l'oracle de la nation ; mais puisque nous eûmes tous le tort de le prendre au sérieux et d'entrer dans son antre, il s'agit d'essayer d'en sortir.

C'est pourquoi nous devons vaincre nos répugnances et nous rendre en masses compactes aux prochaines élections, là où nous aurons la certitude de faire triompher les éminents catholiques dont la voix puissante fait monter jusqu'au ciel nos protestations indignées ! ... Partout ailleurs, devant des candidats douteux, à double face, prêts à tourner comme des girouettes à tous les vents, nous aurons la prudence et le devoir de nous abstenir.

Nos *habiles ministres* alors comprendront, un peu tard, qu'ils auraient mieux fait de ne pas désigner à la haine des badauds ces *cléricaux*, ces *catholiques*, qu'ils seront peut-être heureux de trouver un jour pour les sauver de la griffe du *sphinx moderne*, dont la voracité n'épargne pas même ceux qui devinent ses énigmes ! Amis ou ennemis, il dévore tout, jusqu'à ses propres enfants ! ... *Clément-Thomas et Chaudeix* en sont une preuve récente.

Quel remords devrait déchirer votre âme, beaux fils de 89, heureux législateurs de 1875, qui avez si bien su vous débarrasser des soucis que vous donnait le Roi, un roi qui ne veut pas revenir pour être votre valet ! Aussi, pour vous, une *république votée à une voix de majorité* était bien préférable.

Maintenant vous osez dire, pour vous excuser, que le comte de *Chambord* craint d'affronter les dangers de la royauté, et qu'il aime mieux couler des jours tranquilles dans son château de Froshdorf. C'est là un mensonge ! Le descendant d'Henri IV ne vous a jamais donné le droit de mettre en doute son dévouement à sa chère et malheureuse patrie.

En 1873, il vous était si facile de rendre la sécurité aux familles en leur rendant leur Roi, alors que toute la nation, haletante, s'y attendait ! ... Non, non ! plutôt la perte de la France que la perte de vos égoïstes convoitises !

Soyez donc contents, royalistes-bâtards, catholiques-libéraux, vous n'avez pas le Roi, et vous avez la bête-*Ledru* qui se chargera de votre *correction radicale !*

Ah ! dès 1830 vous prépariez et forgiez le fer du *traquenard*, avec la méchante pensée, avec la naïveté de croire que vous y prendriez les autres, sans y tomber vous-mêmes ... Eh bien vous y voilà pris tout comme nous !

Ecoutez ...

Quel bruit étrange ! ... entendez-vous des voix creuses, plaintives, perçant le suaire de leur éloquence *libérale* ... voix glapissantes, sépulcrales ... toutes dominées par les ricanements du vieux *Voltaire* qui leur porte un toast, en buvant *son urine !*... il attise le feu, c'est son emploi dans l'enfer. Il attise et se moque de vous !

Vous avez peur ... on pourrait trembler à moins !

Heureusement que beaucoup d'entre vous, dupes ou complices, les moins endurcis, sont déjà morts en se repentant sincèrement, avant d'entrer dans l'*éternité redoutable !*

D'autres, parmi vous, dans l'insomnie des longues nuits, commencent à se repentir, nous le savons !

Avant de mourir la plupart d'entre vous confesseront leur *meâ culpâ*, du moins nous l'espérons !

Quelques lueurs échappées du laboratoire de *Thiers*, semblent indiquer qu'il se fût humilié, qu'il se fût cramponné à la croix du *Sauveur*, si le ministre de Dieu, autrement puissant que le ministre de l'intrigue, si la mort avait daigné lui en donner le temps !

CHAPITRE V.

Civilisation chrétienne, ou le Catholicisme en France. — Types du paysan moderne et du député libéral.

« *Nous devons respecter les droits du Pape et la liberté dans ce qu'elle a de plus noble, de plus profond, de plus élevé, de plus délicat et de plus susceptible, le sentiment religieux !* » (Séance du 4 Décembre 1867).

Qui donc tenait ce magnifique laugage ?... Celui qui prétendait donner des leçons de catholicisme au Pape ; qui était l'adversaire du *Syllabus et de l'infaillibilité doctrinale du vicaire de Jésus-Christ* ... c'était l'ancien et ridicule protecteur de *Méhémet-Ali, l'ancien complice de Deutz,* celui que *Palmerston voulait faire passer par le trou d'une aiguille !*

Mais alors, dans *l'opposition, Thiers* sentait le besoin de se concilier l'affection de la catholique France. Plus tard, quand il serait le *Maître,* il aurait toujours le temps d'être *impertinent* et de recommander à *l'illustre Pie IX d'être sage !!*

Son discours du 4 décembre 1867 n'en est pas moins un éclatant hommage rendu à la valeur et à la force de l'immense communauté catholique des Français, qu'il est toujours imprudent de méconnaître.

Sans doute, les catholiques sont patients, très-endurants; il semble même que l'*Evangile*, qui est leur seul idéal, les porte à imiter la fourmilière, dont les petits habitants démontrent à l'observateur, combien sont puissants, l'amour de la famille, le dévouement à la cité, la constance dans le malheur, et cette indomptable persévérance à restaurer leurs désastres!

Cependant, il y a des bornes qu'un tacticien habile ne franchit pas; Thiers le savait, et comprenait qu'il ne pourrait enlever la forteresse catholique que par de savantes manœuvres, en faisant de longs détours, en la minant au moyen de *chemins couverts, souterrains*, autrement dangereux que les brutales audaces!

Aujourd'hui la Révolution se croit assez forte pour n'avoir plus besoin de feindre; elle jette le masque, et déclare la guerre au Catholicisme, à la religion de trente-cinq millions de Français, « *à ce qu'il y a de plus noble, de plus profond, de plus élevé, de plus délicat et de plus susceptible, à notre sentiment religieux.* »

Elle proclame que le Catholicisme, c'est l'ennemi!... l'ennemi qu'il lui faut abattre, parce que c'est la seule force sociale qui lui résiste, la seule qui ait usé les Révolutionnaires dans le passé, et qui les usera dans le présent et l'avenir.

Comment! depuis 18 siècles, elle travaille à étouffer le Catholicisme dans le sang et la boue, sans pouvoir y parvenir. Au contraire l'Eglise du *Christ* grandit, grandit toujours, malgré les artifices, malgré les coups de pieds, malgré les sanglantes exécutions, quand les révolutionnaires sont saisis d'un *accès de rage;* et ils n'y comprennent rien, et ils perdent patience, et les voilà qui seront bientôt à l'état de *fous furieux!*

En attendant, ils se posent en hommes du *progrès*, et leurs journaux nous chantent chaque jour, qu'avant leur avènement de 89, la France était plongée dans les ténèbres; que la science n'existait pas; que sans eux nous serions privés du gaz, de la vapeur et de l'électricité. Pour preuve de leur *immense savoir*, et pour justifier leur profond mépris de la sainte Bible, ils étalent à leur public le fait de *Josué arrêtant la marche du soleil!* Et ils s'en pavanent, ils font la roue comme des paons, dont l'orgueil n'a d'égal que la sottise!... Il a fallu qu'un *clérical*, le savant abbé *Moigno*, leur fît observer que lorsque les hommes supérieurs s'adressent aux foules, ils doivent leur tenir le langage vulgaire qu'elles comprennent, et non le langage scientifique qu'elles ne comprendraient pas. Ainsi nos savants du Bureau des longitudes nous disent que chaque jour, *le soleil se lève à telle heure du matin, et se couche* à *telle heure du soir.*

Certainement, l'esprit humain a réalisé de grands progrès sur la matière pendant le cours de notre 19me siècle, de même qu'il en avait réalisés dans les siècles précédents, par la simple raison que l'essence de tout homme venant en ce monde, est plus *spirituelle que matérielle.* Chacun a reçu de Dieu sa portion d'esprit; les révolutionnaires, les athées, ont reçu la leur, avec la liberté d'en user, à leurs risques et périls. Seulement ils sont d'un ridicule grotesque lorsqu'ils s'attribuent le monopole du progrès.

Avec une telle prétention, c'est une singulière idée qu'ils ont eue de s'appeler. *Révolutionnaires.* Faire une révolution ce n'est point progresser, aller en avant et toujours en avant, c'est simplement tourner comme un toton, jusqu'à ce qu'on soit revenu au point de départ. Or, c'est du *chaos* qu'est partie l'humanité; ils ne le contestent pas, mais ils prétendent qu'elle en est sortie toute seule, sans Dieu, qui n'existe pas puisqu'ils ne le voient pas, étant aveugles, les pauvres gens! Et d'instinct ils tournent et veulent *tourner,* jusqu'à ce qu'ils soient revenus au point de départ, dans leur cher pays, *au chaos!* Soit; qu'ils y retournent seuls! Notre-Seigneur Jésus-Christ, qu'ils font semblant de ne pas connaître, saura les empêcher d'y entraîner l'humanité avec eux : « *Portæ inferi non prævalebunt.* »

Quant aux *habiles* qui se trouvent encore parmi eux, ils ont eu l'adresse, pour se faire accepter des *catholiques*, de prendre le pseudonyme de *libéraux:* nom bien choisi cette fois, car avant qu'ils eussent avili cette qualification, le *libéralisme* signifiait désintéressement, générosité, grandeur. Ces charlatans ont eu l'intelligence de comprendre que *plus une drogue est mauvaise, plus il importe de l'orner d'une épithète ronflante.* Aussi que de bons catholiques s'y sont malheureusement trompés!... Maintenant, sauf un petit nombre que l'égoïsme et la cupidité aveuglent, personne ne s'y trompe plus.

Mais parce qu'ils recrutent, de temps en temps, quelques apostats, ils s'imaginent avoir décatholicisé la France... cette catholique France, qui se retrempe toujours dans l'adversité! Ils ne voient pas, toujours aveugles qu'ils sont, que les catholiques sont plus nombreux et plus forts que jamais! ou plutôt ils feignent de ne pas voir que sur trente-six millions de Français, il y a *trente-cinq millions de catholiques*; qui ne souffriront pas qu'une minorité d'intrigants, soi-disant *libéraux*, les mettent à la porte de chez eux.

Notre nombre leur fait peur, et *notre droit* qu'ils devraient redouter davantage, leur inspire peu de crainte. Ils comptent bien nous l'escamoter avec adresse, hypocrisie et opportunité; mais c'est notre nombre qui les tourmente! Pour l'effacer ils ont recours à une arithmétique de *scrutins* qui n'efface rien du tout, qui prolonge seulement la durée de leur comédie, jouée, disent-ils, *à notre bénéfice*, au bénéfice de la nation, qui ne paye qu'une *dîme de trois milliards* pour assister à leur spectacle, pas *gratis*, tant s'en faut! S'il n'en coûtait pas si cher, on pourrait parfois s'y amuser, quand leurs principaux artistes sont en scène, disant à la droite qu'ils sont *conservateurs de l'ordre social;* puis, faisant une pirouette vers la gauche, ils proclament qu'ils sont toujours les fils impénitents de 89.

Du reste, pour savoir au juste ce que sont ces *libéraux*, la recette est connue; il n'y a qu'à leur gratter un peu l'épiderne, *aussitôt apparaît le despote.*

Quelles que soient leurs nuances, tous ces Révolutionnaires sont assez occupés, les uns *à défendre leurs places*, les autres *à s'en emparer*. Qu'importent les intérêts de la France, devant l'intérêt des *histrions!*

Ils ne sont unis que dans leur haine commune de ce catholicisme si gênant pour eux, qui se permet de ne pas consentir à n'être qu'un vil instrument entre leurs mains. Alors *delenda est Ecclesia!*... Et cela leur semble facile. N'ont-ils pas su amener une grande nation, aussi intelligente que la France, à prendre *au sérieux leur jonglerie de vote universel*, en détruisant *la souveraineté nationale qui appartient aux chefs de famille ; en l'éparpillant, en la pulvérisant, en la célébrant* sur tous les tons de l'emphase et de la moquerie, sachant très-bien que *ce qui appartient à tout le monde n'appartient à personne !*

Eh bien, pour détruire l'Eglise du Christ, ils sauront s'y prendre ; ils en ont du moins la présomption. N'ont-ils pas déjà à leur service *le bélier de la presse*, de la presse immonde, et d'une presse *plus savante, plus raffinée*, pour séduire les *gros bonnets* de la catégorie *prud'hommesque ?*

Ils sauront réagir contre cette maladresse *autoritaire* qui a fait un recensement officiel, constatant si mal à propos qu'en regard de nos trente-cinq millions de catholiques, on compte tout au plus un million de protestants, juifs, athées ou libre-penseurs !... Encore dans ce million, combien de dignes et honnêtes gens sont catholiques par la charité, par le cœur, par la noblesse des sentiments, et qui entrevoient *la vérité*, là où le dévouement pour elle s'affirme dans tous les temps jusqu'au martyre !... Hélas ! ils restent, quoiqu'à regret, dans les liens de *l'erreur* que leur imposent des influences de tradition et de famille.

Oh ! nous savons très-bien que cent mille sectaires, et beaucoup moins, bien remplis de la haine *d'un Voltaire*, suffisent à faire bouillonner *toute l'écume* d'une grande nation : écume qui semble être *le tout*, alors qu'elle est *le rien.*

Les journaux de la secte, sous des formes habilement calculées, ont pour mission de tirer à boulet rouge, pas encore sur le *catholicisme*, mais sur le *cléricalisme*, distinction qui ne distingue rien, mais qui leur paraît opportune.

L'un d'eux, le plus guindé, simulant *le vertueux*, s'écrie triomphalement : *Et ils comptent ça dans leurs* 35 *millions de catholiques !* » C'est à propos d'une insignifiante anecdote de *reporter*, qui dit en substance : « Deux dames catholiques de la Halle se sont prises aux cheveux pour un futile motif, et la foule présente, loin de les séparer, les excitait au combat. Heureusement que l'intervention d'un sergent de ville a eu le don de calmer subitement ces intéressantes boxeuses, qui sont retournées à leurs bancs où elles ont lavé leurs égratignures et réparé deux toilettes fort endommagées. Mais, chose étonnante, carastéristique : *elles ont fait un signe de croix, marmotté quelques paroles inintelligibles*, puis se sont mises à déjeûner d'un bon appétit, avec la conscience d'avoir bien rempli leur devoir ... *de boxeuses.* »

Or, si le reporter eût eu la patience de prolonger de quelques minutes son office d'observateur de *faits divers*, il aurait vu s'avancer un léger camion couvert, traîné par un âne, conduit par un pauvre vieillard proprement et décemment vêtu, et le tout précédé d'une *petite sœur des pauvres*, ayant à sa ceinture *un crucifix* pour tout talisman. Devant elle, les deux dames du pugilat se levèrent avec respect, et, le sourire aux lèvres, s'empressèrent et s'entr'aidèrent pour charger et surcharger le camion de tous les légumes qui leur venaient sous la main. C'est ainsi qu'elles achevaient de *se réconcilier dans la charité.*

Nous nous souvenons que ces mêmes dames de la Halle, aussi bonnes que vives, n'hésitèrent pas *en mai* 1871 à aller menacer *le tigre dans son repaire, afin d'arracher de ses griffes leur cher* curé de *Saint-Eustache !*

Eh bien oui, *Monsieur l'esprit fort*, oui, nous comptons ces dames de la Halle dans nos 35 millions de catholiques.

Dût votre puritanisme en être choqué, nous continuerons de comprendre aussi dans notre nombre ces braves paysans qui, un jour de foire, contre leur habitude, boivent un peu de vin, moins que vous n'en buvez, et pourtant s'enivrent. Ce n'est là qu'un *léger coup de canif à la règle*, qui n'entame pas la sobriété proverbiale du paysan. Et parce qu'il leur arrivera de décrire, en titubant, *quelques S* sur la route, ce n'est pas nous qui nous moquerons de lui. S'il a des défauts, vous et nous, avons bien les nôtres aussi. Mais une faute accidentelle, fort excusable du reste, ne constitue pas la permanence de cet abrutissement féroce qu'on rencontre dans certains quartiers de Paris, où trône la *Révolution.*

Les types s'usent et changent avec le temps; nous n'en sommes plus *au paysan* de *La Bruyère*. Sans prétendre courir sur les brisées de cet éminent penseur, nous nous permettrons d'offrir un type plus moderne, plus vrai, dû aux efforts des admirables *Frères de la doctrine chrétienne :*

Coulaud, simplement vêtu d'un pantalon de grosse toile et d'une chemise de blancheur irréprochable, est nonchalamment étendu à l'ombre d'un splendide châtaignier. Si le barde de son village paraissait en cet instant, il lui dirait sans doute :

O Tityré, qué fas-tu quì,
ewenla, coum'un grand couquï !

Mais quatre robustes compagnons viennent, la faucille sur l'épaule, se ranger près de lui, puis s'étendent à leur tour, pour faire un léger somme, en attendant l'arrivée de la ménagère qui va porter le dîner.

Tout à coup passe un essaim d'élégantes Parisiennes, égarées dans la campagne, à la recherche des champignons ; et ces belles dames, effrayées à la vue des moissonneurs au repos, suffisamment instruites pour comprendre qu'elles sont en présence *d'affreux sauvages,* hâtent le pas, courent, se sauvent, sans remarquer qu'elles sont respectueusement saluées par les prétendus *hurons.*

Presqu'aussitôt des cris de désespoir se font entendre ; l'une d'elles, dans sa fuite étourdie, a laissé tomber son enfant, de quatre ans, dans le précipice de la carrière voisine, exploitée depuis des siècles.

Coulaud, tout ému de ces cris, vole à la carrière, et voit l'enfant retenu sur la pente de l'abîme par la main impuissante de sa mère, devenue folle de terreur, et par une ronce qui allait céder sous le poids du petit infortuné ! ... Il y va de la vie du brave paysan, qui ne la marchande pas, et qui glisse comme un lézard jusqu'auprès de la ronce. Il arrive, saisit l'enfant, le soulève assez haut pour que la mère puisse, par un suprême effort, le tirer hors de la gueule béante du gouffre. Elle y réussit ! puis elle s'affaisse évanouie.

Quant à *Coulaud*, le terrain désagrégé cède sous ses pieds ; il roule, bondit et rebondit sur des roches aiguës jusqu'au fond de la carrière, où ses compagnons, par un long détour, vont le retrouver peut-être mort. Mais il respire, il a encore toute sa connaissance ; il souffre cruellement et ne se plaint pas ; silencieux, il prie en son cœur, remerciant Dieu de la bonne action qu'il vient de faire. On lui amène l'enfant qu'il a sauvé, et, en le contemplant, sa figure s'illumine d'un rayon céleste !

On improvise un brancard pour le porter chez lui ; on en fait un autre mieux rembourré de feuillage pour la dame évanouïe et tous se transportent ainsi à la demeure du paysan.

C'est une maison fort modeste, blanchie à la chaux, n'ayant d'autre luxe que beaucoup d'air et une grande propreté. Jeanne, femme de Coulaud, lave et arrête le sang des plaies de son mari ; puis, avec quelques gouttes d'eau fraîche, elle parvient à ranimer la pauvre mère, qui délire et croit toujours voir son enfant dans le gouffre ! On prévient Monsieur le Curé ; on court à la ville chercher un médecin ... qui n'arrivera pas de si tôt.

Enfin le vénérable Curé a tout quitté ; il accourt, et bientôt ses bonnes paroles, autant que ses soins éclairés, ramènent un peu de calme et procurent quelque soulagement aux deux victimes du déplorable accident.

Mais les trois Parisiennes qui n'ont eu aucun mal, Mesdames *Olympe de Rutilande, Corine de Cicendule, et Victorine de Frivola*, ne veulent certainement pas compromettre leurs élégantes toilettes sur les chaises rustiques de ce paysan ... qui s'est jeté dans le précipice de la carrière ; fi donc ! elles s'empressent de sortir, de se distraire, et de chercher un peu d'ombre sous l'ormeau qui abrite la maison. Toutes trois, plus ou moins veuves, sont en quête d'un mari *moderne*, jeune ou vieux, mais riche et amateur *de la chasse au cerf !* Elles ont chargé *Mercure-galant* de leur procurer *la chose* ... Elles s'ennuieraient bien vite sous l'ormeau, si la *belle Olympe* n'avait eu l'esprit de mettre dans sa poche un *Figaro* numéro *des dimanches*, et les voilà qui se livrent à une très-piquante lecture, pendant que le *bébé*, qui ne pense plus à sa chute, joue avec les nombreux enfants de Coulaud.

Euphémie, gouvernante équivoque, a daigné rester, en bâillant, auprès de sa maîtresse, dont elle ne se préoccupe guère.

Le bon Curé, ainsi que l'intelligente Jeanne, vont de l'un à l'autre malade et prodiguent leurs soins. Coulaud n'a aucun membre fracturé, mais tout son corps est couvert d'affreuses meurtrissures. « *Le bon Dieu*, s'efforce-t-il de dire, *n'y perdra rien!* Je ne tiendrai pas quitte cette dame à moins d'un *beau Chemin de croix* pour l'ornement de notre pauvre église. »

Deux heures se sont écoulées, et la dame se sent assez forte pour écrire quelques mots à son *cher* mari, qui habite le château de La Morgue, situé à quatre kilomètres de distance. Jeantou, le valet de ferme, s'élance au dehors pour porter la précieuse missive, et dans son trouble la laisse tomber, la perd en route! C'est dommage, car elle se terminait ainsi: « *aportaies o moinsse un bilié de sans frant.* »

Jeantou arrive bientôt sur le péristyle du château, où il est arrêté par un laquais galonné qui lui ordonne insolemment d'attendre la volonté du *Maître*.

Or, le Maître étant en train de retoucher pour la

quatrième fois la série des six discours éloquents qu'il se promet *d'improviser* après la rentrée des Chambres. C'était l'unique but de son séjour à la campagne ; c'était aussi l'unique bon temps qu'eussent les habitants du château, quand *Monsieur* voulait bien s'enfermer des journées entières dans le *cabinet de ses chères études*. L'heure du dîner avait seule le don de le déranger sans qu'il maugréât.

Mais, au lieu d'entendre le mot sacramentel *Monsieur est servi*, il apprend par son domestique que les dames ne sont pas encore rentrées, et, de colère, il brise une gracieuse statuette qui représentait son épouse en *Sylphide de l'Opéra*.

Enfin le pauvre Jeantou finit par être admis devant ce seigneur *libéral* qui est d'une humeur de dogue et veut savoir pourquoi *des femmes* se permettent de le faire attendre? — « Eh bien, *Maraud*, puisque tu prétends venir de la part de *Madame*, que se passe-t-il donc? — Monsieur, je ne retrouve pas le billet dont j'étais porteur, je l'aurai laissé tomber, pas loin d'ici, je vais. — Mais, *animal*, diras-tu de suite de quoi il s'agit!... »

Alors le digne garçon, tout déconcerté, raconte avec émotion, non sans balbutier, la scène de la carrière. — « C'est bon! va-t-en, *lourdaud*, je vais donner mes ordres. »

Il sonne, et commande d'atteler la calèche et le coupé, en attendant, *Monsieur* va dîner.

Quelques heures après on voyait deux magnifiques voitures s'arrêter devant l'humble maison de Coulaud. Du coupé sortait *un vilain Monsieur*, petit, raide, compassé, d'une voix impérieuse et grondante appelant sa femme et ses compagnes, et leur enjoignant de mettre un terme à pareille *équipée !*... A peine s'il regarde son enfant qui ne s'avance qu'en tremblant !

Sa pauvre mère se soutient à peine, mais elle redoute le courroux de son mari, de *son despote*. C'est M. le Curé et la bonne Jeanne qui se chargent de la porter et de l'étendre avec tous les égards possibles sur l'une des banquettes de la calèche; l'autre banquette est alors occupée par les intéressantes lectrices de *Figaro*.

Quant au grossier personnage qui n'a pas même daigné s'incliner devant les cheveux blancs du respectable curé, il laisse nonchalamment sa carte à *Jeanne Coulaud*, qui jette les yeux dessus et lit: *Monsieur Jules de Sans-Culotte, député, rue du Progrès, N*o 1, à Versailles. »

Puis il invite *Euphémie* à monter près de lui dans le coupé... Décidément madame la gouvernante ressemble terriblement à un *euphémisme*.

Et les voitures emportées par de rapides coursiers arrivent en peu de temps à ce château de la *Morgue*, qui est une superbe résidence louée seulement pour quelques mois d'été, mais que le *député libéral* achètera prochainement, dès qu'il aura attrapé son *portefeuille de ministre.*

« Mes amis, nous avons besoin de prier pour ces mécréants, car ils sont bien à plaindre !... dit tristement le Curé revenu auprès de son cher blessé, car il aime et estime *Coulaud* qui est à la fois le courage et la bonté même, qui est modeste et instruit, ayant été *l'honneur* de la classe chez les bons *Frères,* justement fiers de leurs élèves!... De son côté, *Jeanne Coulaud,* élevée par les *Sœurs de la Croix,* était digne sous tous les rapports d'un si bon mari; elle possédait son diplôme d'institutrice de *première classe,* et n'en tirait pas vanité, se contentant d'être une excellente ménagère aimée et respectée, une épouse *modèle,* heureuse de son beau titre de *Mère chrétienne.*

Oh! sans doute tous les paysans ne leur ressemblent pas, c'est un type qui, comme les types de tous temps, a sa vérité relative, sinon absolue. Ce qu'on peut affirmer sûrement, c'est qu'aujourd'hui il n'est pas une seule commune de France où l'on ne puisse retrouver le type *Coulaud.*

Chez tous nos campagnards, grâce au développement de l'instruction chrétienne, règne le sentiment religieux de la famille, le respect et l'amour du fils pour le père! ne sont viciés et dégradés que ceux qui par hasard subissent le contact de quelques corrupteurs des grandes villes.

Ils sont madrés en affaires, ils ne se pressent jamais; mais leur parole une fois donnée vaut *titre*. Les voyez-vous, dans les foires, après un débat animé, pittoresque, se frappant mutuellement deux fois dans leurs mains pour contracter définitivement marché ? Il n'y a pas d'exemple qu'un *contrat pareil*, aussi primitif, ait jamais été violé.

Sans cette bonne foi gauloise, les foires seraient à peu près *impossibles*.

Ils savent, ces braves gens, comment irait la maison si tout le monde y était maître. Il y a le *chef* qu'ils n'ont pas *élu*, que le bon Dieu leur a donné, et ils lui obéissent respectueusement. Telle est leur *politique familiale* qui vaut mieux que celle des *doctrinaires* et des enragés de *la Révolution*.

Il faut les entendre le lendemain de ce qu'ils appellent *la comédie de la votation* : leurs rires homériques semblent ébranler le manteau de leur grande cheminée patriarcale, et de leurs pétillants lazzis sur les politiciens qui les ont hébergés se dégage invariablement cette réflexion digne de Montaigne : « *Est-il permis qu'il y ait des bourgeois tant bêtes, avec tout leur esprit !* et l'*Anna* qui fait adroitement tournoyer en l'air ses excellents galets de sarrazin, cuits à l'huile de noix, ne se prive pas d'ajouter : *Querraqué soun man bètias qué naotrès, lou boun Di lour perdonno ! — Béleun !* fait observer *Pan Chirou* (père Chirol) *soun plo prou fi per nou ossoumai d'impôts.* » —

Eh vivo lou pan man lo noro què han to bé parla, s'écrie Thomas, le valet important de l'étable, qui s'en ira coucher avec les vaches jusqu'à la *Saint-Martin,* chère époque où il aura l'honneur d'entrer gendre dans la maison.

Sans descendre davantage dans le détail de ces mœurs rustiques, nous constaterons ce fait significatif, ô contempteurs des catholiques, c'est que si les paysans s'amusent volontiers à votre comédie du vote, comme à tout autre spectacle gratis; s'ils enfreignent trop souvent, à votre exemple, *la loi dominicale,* les églises n'en deviennent pas moins insuffisantes pour les contenir, aux jours des grandes solennités du catholicisme; c'est que, malgré tous vos piéges, toutes vos excitations, il n'est pas encore arrivé une seule fois, à l'un d'eux, de vouloir se faire *enfouir civilement,* ou plutôt *incivilement comme un chien!*

S'ils sont malheureusement décimés par la fluxion de poitrine qui est leur maladie la plus ordinaire, le prompt secours du médecin en sauverait un grand nombre, mais il n'y a pas de médecin *pour ceux qui font venir le blé!* ou s'il y en a, au loin, à la ville, la visite de l'homme de l'art leur coûterait au moins dix francs, quand cette même visite ne coûte rien ou presque rien aux malades pauvres des villes!

Il y a longtemps que le *libéralisme* promet d'organiser le service médical dans les campagnes; il est fort pour promettre, mais il ne tient jamais!... au contraire, sous prétexte de combattre les petits charlatans qui parcourent nos bourgades, il interdit aux *Curés*, aux Religieuses, aux dames charitables d'une commune, sous peine de les traîner en police correctionnelle, le droit d'administrer le moindre remède aux pauvres malades!

S'Il était sincère, quand il objecte la grande dépense qu'entraînerait l'organisation de ce service médical, il eût donné satisfaction à son accès de *singulière économie*, en demandant à nos évêques de prescrire dans leurs séminaires l'étude de la médecine élémentaire en vue des premiers secours à donner aux malades, jusqu'à l'arrivée du médecin pour les cas présentant quelque gravité.

Non, non! la Révolution redoute trop l'influence cléricale: *meurent plutôt les paysans malades!*

Heureusement que le pauvre laboureur *voit accourir* au chevet de son lit le Curé qui le console et l'encourage; la bonne *Sœur* qui brave tous les obstacles pour secourir *un des membres souffrants de Notre-Seigneur Jésus-Christ*, et à leur suite d'autres *anges* de la commune, qui ont quitté leur confortable demeure pour venir dans la chaumière respirer l'air empoisonné d'une maladie peut-être contagieuse. Qu'importe! les saintes femmes auront fait leur devoir, et si elles en meurent, c'est sur *les ailes de la charité* qu'elles s'élèveront dans le ciel!

Ah ! la charité de Jésus, vous n'en voudriez plus, insensés ! C'est elle seule qui peut vous sauver des fureurs que vous attisez, et de vos propres fureurs ! Elle est l'unique solution à la question sociale que vous n'osez plus regarder en face ; elle est le talisman *qui transporte les montagnes !*

Sans le catholicisme votre Révolution serait accomplie, vous seriez déjà retournés dans votre affreux néant. Mais rassurez-vous, vous n'avez pas encore tué l'œuvre du *Christ*, et elle est assez forte pour vous tendre les bras et vous sauver, si vous le voulez.

Plus d'illusions ! ou vous serez vaincus par le catéchisme et le livre de messe, ou *vous serez broyés comme du verre par votre propre broyeuse !*

Vous souriez, pauvres fous, en comptant sur votre habileté, sur votre presse démagogique, *la maîtresse du mensonge universel*, et parce que vos hypocrisies parviennent à séduire quelques-uns, beaucoup trop d'imbéciles, dans les villes vouées au démon de *l'orgueil et de la luxure*, vous entreprenez un grand travail de corruption dans les campagnes, eh bien oui ! vous en corromprez un grand nombre, mais sachez que la fourmilière catholique est innombrable, qu'elle perd, gagne et grandit toujours ; qu'en France, avec ses 35 millions de baptisés, il lui est très-possible de fournir son contingent au vice et à l'erreur, sans en être sensiblement amoindrie.

Bien extraordinaire société que celle qui n'est jamais plus vivante, que le jour où ses ennemis s'imaginent l'avoir tuée !...

Certes, l'existence des catholiques en France serait *humainement* inexplicable, après tout le sang qu'ils ont perdu sur les échafauds de la Révolution, surtout après les coups autrement dangereux, de l'astuce et de l'hypocrisie, et néanmoins ils existent, ils grandissent, et ils grandiront bien plus le jour où le génie de Satan se croira assez fort pour accomplir ses menaces.

Bien aveugles sont ceux qui ne reconnaissent pas à ces traits l'*origine divine du catholicisme !*

En France, citoyens révolutionnaires, votre loi du *nombre mis à la place du droit* se retourne contre vous. Est-ce que les catholiques ont besoin de montrer qu'ils sont les plus nombreux ; est-ce que cela n'est pas aussi visible que la lumière du soleil?...

Non, non! dites-vous, ce n'est pas clair, il nous le faut voir au fond de notre petite boite *à scrutins.* Venez-y donc, bons catholiques, *nous ne voulons que votre bien;* soyez sûrs que notre *oracle* saura *libéralement* faire sortir vos candidats à raison de *un sur cent!*

Et si quelques catholiques répondent à votre appel insidieux en se rendant *au guêpier*, pour des motifs que nous respectons, vous ne manquez pas de les présenter comme des adhérents *à vos soi-disant principes?*

Mais la masse catholique lève les épaules, en se détournant avec dégoût du piége que vous lui avez tendu. Elle sait qu'on ne crée pas, qu'on ne manipule pas *le droit dans un pétrin!*

Or, si les catholiques représentent incontestablement le plus grand nombre, *avant tout ils représentent le droit.*

L'historien *Gibbon,* qui ne saurait être suspect, étant *Anglais et protestant,* a écrit: « *Les évêques ont fait la France, comme les abeilles, patientes et actives, font leurs ruches à miel.* » Oh! oui, ils l'ont faite, et avec un bon *ciment romain* délayé dans le sang de Pierre, l'enfant du peuple et le vicaire de *Jésus-Christ!* Ils n'y ont pas épargné leur propre sang; aussi l'édifice est solide, traverse les siècles, et brave dans tous les temps la fureur des sectaires.

Le droit catholique s'affirme partout dans nos anciennes lois, dans l'histoire, dans nos traditions, mœurs et coutumes. *Paris* est toujours, *quand même!* la cité de *Geneviève,* vénérée de ses chers Parisiens, et les révolutionnaires, si pressés de retourner à leur vieux paganisme, n'ont pas trouvé le temps, ou du moins n'ont pas eu l'audace de démolir la merveilleuse chapelle de notre immortel roi saint Louis. Ils ont craint de rester ensevelis dans les décombres, en abattant l'antique cathédrale qui chante *les gloires de Marie!*

Leur vandalisme a beaucoup détruit, mais combien il nous reste d'autres monuments religieux et gothiques, d'un style inimitable, racontant, en *lettres de granit*, aux générations de tous les siècles l'incomparable grandeur de notre Catholicisme !

Enfin, vieux menteurs de la Révolution, vous n'avez rien édifié dans notre catholique France; vous n'y êtes connus que par vos destructions et vos ruines ! A qui donc prétendriez-vous faire croire que nous ne sommes pas *le droit*, aujourd'hui comme il y a mille ans !

Parce que vous disposez des artifices trompeurs de la tyrannique presse du mensonge, vous avez l'impudence de nier la *vérité* qui vous écrase ! Allons, faites-en pour votre reste !...

Eh ! vous ne le savez que trop, les catholiques ne sont pas seulement dans les campagnes, ils peuplent les villes, toutes imprégnées de leur catholicisme qui ne vieillit pas, qui se rajeunit et prend de nouvelles vigueurs au milieu de vos calomnies et de vos menaces !

Ils sont partout, vous débordent, et vous en avez le frisson, avant-coureur de votre fin prochaine.

Ils sont dans nos masses laborieuses, qui n'ont d'autre souci que d'élever honorablement leurs enfants et de travailler pour les faire vivre, en s'inquiétant peu de vous disputer les places et les honneurs ; ils sont dans la magistrature et l'armée, dans la science, les arts, le commerce et l'industrie; ils sont dans les administrations de l'Etat, *d'un Etat sans Dieu*, à leur grand regret! Mais il leur faut aussi travailler pour vivre, et ils servent loyalement, silencieux, gémissants et craintifs, un Etat qui, sans eux, se serait déjà effondré sous les coups de votre orgueilleuse incapacité!

Croyez-vous donc tenir dans vos filets tous les ouvriers, dont la plupart comprennent que leurs vrais amis sont dans le Catholicisme, qui les honore, les traite en *frères*, et relève leur dignité d'*homme et de chrétien!*... Tandis que vous, toujours fidèles au souvenir du vieux temps *des esclaves*, les regardez comme *des parias sans âme, bons à boire, à consommer, à se vautrer, et à servir les machines de fer et de fonte!...* Aussi combien est grande leur reconnaissance pour le cher fondateur de *leurs cercles catholiques!* Comme ils acclament le nom d'*Albert de Mun*, quand ils échappent à l'œil inquisiteur de leurs maîtres *maçons, francs-maçons*.

Mais où nos 35 millions de catholiques se manifestent avec le plus d'éclat, c'est dans nos évêques et nos prêtres qui sont l'ornement, la gloire et la force de cette église sublime du Christ, que M. Guizot le protestant a appelée *la grande école de respect*; c'est aussi dans nos illustres orateurs chrétiens, dans les vaillants athlètes de notre *presse religieuse*.

Et parmi tous les dévouements que le Catholicisme a seul le don d'enfanter, il n'en est pas de plus beau que celui de ces savants jésuites, à la fois si humbles et si fiers de leur nom; du nom de *Jésus*, devant qui tout genou doit fléchir *sur la terre comme dans les cieux*. On les voit instruisant, évangélisant les sauvages du dehors, n'aspirant pour leur récompense qu'à la palme du sacrifice et du martyre ! Ils traversent les mers pour porter aux peuplades lointaines *la bonne nouvelle*, *la parole du Sauveur* qui doit les régénérer, en les arrachant à l'ignoble abrutissement dans lequel *nos prétendus hommes de progrès* cherchaient à nous ramener.

Et parce que le courage des Jésuites fait honte à leurs lâchetés, parce que leur généreuse abnégation contraste trop avec l'âpreté de leurs convoitises, parce qu'ils sont incapables de s'élever à leur hauteur, ils essayent de les salir de leur boue, de leurs sarcasmes, en attendant que des sicaires abrutis se livrent à leur massacre !

Oh ! sans rechercher le martyre, ils ne le redoutent pas. Qu'ils meurent sur les plages lointaines de l'Océanie; qu'ils soient cloués contre un mur de *La Roquette*, ils tombent toujours sublimes, sous l'œil de Dieu, en priant pour leurs bourreaux, *qui ne savent ce qu'ils font !*

Protestants, Juifs et Athées, où sont vos hommes prêts à mourir pour leur foi ?... Nous voyons bien des sectaires qui assassinent, qui tuent en évitant d'être tués, vous ne nous avez pas encore montré un *Belzunce*.

CHAPITRE VI.

Une grande chasse aux rats, ou la journée de Lamartine. — Le Bonapartisme et le Libre-Echange.

La nation française, avec ses défauts et ses qualités, prise dans son ensemble, est fidèle à ses deux lois fondamentales, *l'Evangile et le Décalogue*. Aussi reste-t-elle la *grande nation*, malgré ses revers, assez forte pour commander le respect à ses ennemis du dedans et du dehors, obligés de compter avec elle!... Sans doute, comme tout établissement humain, elle porte son *ver rongeur*, qui s'est lui-même, à son insu, stigmatisé du nom hideux de *révolution ;* reconnaissant par là qu'il est rétrograde jusqu'au vieux paganisme, bien plus jusqu'au *néant !* Il n'y a pas en effet d'expression plus parfaite pour désigner la destruction, la bassesse et la ruine !

Cela étant, pourquoi ne pas se débarrasser d'un être si malfaisant ? ... Hélas ! où seraient les mérites des bons, s'ils n'avaient pas à lutter contre les pervers ?

Est-ce que la montagne ne permet pas aux rats, aux souris, de s'abriter dans son sein? ... Seulement si les rongeurs s'attaquent aux bases jusqu'à les ébranler, malheur à eux, à eux surtout, car ils ne tardent pas d'être ensevelis sous les décombres!

Les Français catholiques ne seraient-ils pas cette montagne, et les *révolutionnaires* n'en seraient-ils pas vraiment les rongeurs?

A une époque, pas loin de nous, où ces révolutionnaires, *ces rongeurs*, se croyaient maîtres de la France, ils motivèrent une *chasse curieuse*, dont nous eûmes le plaisir d'être témoin. Il nous plaît d'en faire ici la narration, d'ailleurs très-inoffensive.

C'était *en mars* 1848, sous le gouvernement de la *jeune* république ... *renouvelée des Grecs. Ledru-Rollin* était ministre de l'intérieur, presque *omnipotent*, pas tout à fait dictateur. Ce conspirateur émérite, qui eût conspiré contre lui-même plutôt que de ne pas conspirer, conspirait alors en partie double, et contre son ami *Blanqui*, mécontent de n'être rien, pas même *gouverneur de la Banque de France*, et contre son collègue *Lamartime*, ministre des affaires étrangères, poëte illustre, brillant *idéologue*, mais avant tout *honnête homme*, fort étonné de se trouver fourvoyé dans la compagnie des forbans.

Naturellement la confiance avait disparu; le commerce et l'industrie n'existaient plus. On était sous le règne des *ateliers nationaux*, on payait les ouvriers pour *ne rien faire*, en attendant qu'on pût les payer à coups de fusils ! L'armée avait été chassée de Paris, et un *commis-voyageur en vins*, nommé *Caussidière*, ávait été improvisé *préfet de police*. Il forma des *bandes de sergents de ville avec tous les repris de justice* qui affluaient de toutes parts, réclamant des places auxquelles ils avaient bien droit, par leurs longs séjours dans les prisons, et par leurs nombreux services rendus à la *République*.

Ces sergents de ville, en *bons révolutionnaires*, étaient chargés de surveiller la *prêtraille* ainsi que tous les infâmes réactionnaires qui oseraient encore lever la tête. Toujours aux ordres des *clubistes* qui terrorisaient la capitale, ils avaient à peine le temps de brûler les dossiers qui les concernaient, mais enfin ils utilisaient leurs moments perdus à cette précieuse besogne. Ainsi Caussidière pouvait se vanter *de faire de l'ordre* avec *le désordre*.

Un ecclésiastique qui se serait risqué dans les rues avec sa soutane eût été impitoyablement écharpé ! C'était s'afficher *réactionnaire* que d'aller à *la messe*, et s'exposer aux brutalités de la charmante police : les Révolutionnaires n'ont jamais entendu autrement *la liberté*.

Les échappés du bagne et des maisons centrales de détention n'étaient pas seuls à vociférer dans les clubs ; on y entendait les déclamations furibondes, incroyables, de pauvres fous que les directeurs n'avaient pu retenir dans leurs maisons d'aliénés.

D'un autre côté, dans l'immense population parisienne, au fond très-catholique, quoique la gangrène *révolutionnaire* y eût fait beaucoup de ravages, on sentait le besoin de s'unir et de se concerter devant le danger commun. Une députation se rendit secrètement auprès de *Lamartine*, qui l'accueillit avec transport, à bras ouverts ! ... Et aussitôt se fit silencieusement, mais activement, un grand travail de défense pour le jour où *les rongeurs* feraient mine de livrer leur dernier assaut à *cette société*, qu'ils croyaient déjà à leur merci.

Ceux-ci fixèrent ce jour au dimanche 16 *mars* 1848.

Favorisées d'un soleil splendide, les bandes s'organisèrent au *Champ de Mars*, sous prétexte de porter *l'offrande du peuple* au gouvernement de la grande, immortelle, une et indivisible République, en réalité avec le but de *supprimer Lamartine* qui leur était suspect, et de proclamer *Ledru*, dictateur de la France.

Déjà elles se déroulaient comme les anneaux d'un gigantesque serpent, au milieu d'une foule compacte et curieuse, plus indifférente que sympathique, mais qui faisait nombre et semblait donner à la manifestation un certain caractère de *souveraineté nationale*. La tête du serpent touchait presque à la place de Grève, pendant que sa queue quittait à peine le *Champ de Mars en traînant le char aux gros sous*, ombragé du drapeau rouge, et recouvert, par anticipation, *des lauriers qu'on allait sûrement cueillir.*

Qui pouvait faire obstacle? Paris n'avait plus un seul, un unique soldat pour le défendre.

Enfin le char arrive devant l'Hôtel-de-Ville. Les bandes se massent sur la place, en partie envahie par des *nuées de fauves* qu'on ne voit jamais que dans les grands jours d'orages. Alors les principaux énergumènes somment les chefs de la République de comparaître devant *là majesté du peuple souverain*, et les cris de *vive la sociale* retentissent de toutes parts.

Ledru-Rollin s'était prudemment caché, en attendant l'issue de la journée.

Lamartine apparaît seul sur le perron. L'illustre poëte avait offert, dès la veille, le sacrifice de sa vie pour le salut de la Société; chez lui le *politicien* avait fait place au *catholique*, et son beau front semblait illuminé d'une auréole d'archange!

Il écoute sans sourciller l'arrêt d'ostracisme qui lui est signifié au milieu de menaces et de cris de mort. Il ne s'émeut point devant les grognements et rugissements de ces fauves qui lui parlent en *maîtres*; il fait signe qu'il va leur répondre, et ses yeux interrogent l'horizon...

Presqu'aussitôt des roulements de tambour se font entendre... ils s'avancent et battent la charge en donnant *la chair de poule* à tous les chacals qui encombrent la place!

Alors Lamartine, pour toute réponse aux diatribes qui viennent de lui être débitées, fait un geste, *digne de l'antique*, en ordonnant aux bandes de se dissoudre immédiatement.

Et celles-ci ne se le font pas dire deux fois : elles fondent comme la neige sous les rayons du soleil en voyant reluire les baïonnettes des bataillons qui débouchaient des quatre avenues conduisant à l'Hôtel-de-Ville. En peu d'instants la place se trouve occupée par une grande armée dont les rangs nombreux sont obligés d'aller chercher de l'espace sur les boulevards où ils défilent joyeusement, aux acclamations enthousiastes du vrai peuple. Non-seulement les trottoirs, mais toutes les croisées, tous les balcons ont été envahis par les dames qui agitent leurs mouchoirs et lancent des bouquets de fleurs à leurs maris, leurs frères, leurs amis, subitement transformés en *guerriers triomphateurs* d'un combat qu'ils se plaisent à qualifier de *grande chasse* aux rats, combat très-pacifique où pas une goutte de sang n'a été versée, où ils n'ont vu que la prodigieuse agilité des fuyards, se sauvant dans leurs égoûts.

La démagogie venait de rentrer sous terre, dans ses antres ténébreux, mais non pas sans l'espoir très-fondé d'en sortir de nouveau mieux préparée, plus terrible à la prochaine occasion que la République leur fournirait inévitablement. C'était *partie* remise *aux Journées de Juin*. En attendant son Ledru s'entretiendrait la main en travaillant au *Conservatoire des Arts et Métiers*, et, grâce à son vaillant génie, *l'humanité* ne resterait pas deux mois sans apprendre *toute la valeur d'un vasistas !*

Les poëtes chérissent les fictions et s'illusionnent toujours en ne voyant les hommes qu'à travers le prisme de leur belle nature et de leur brillante imagination. Mais enfin si la journée du 16 mars 1848 ne fut qu'une *chasse aux rats*, elle n'en fut pas moins la grande journée de *Lamartine* qui, ce jour-là, donna à la France un exemple et une leçon qu'il est salutaire de se rappeler.

De journée en journée les démagogues se chargèrent de nous ramener à l'Empire. Le *Bonapartisme*, d'essence révolutionnaire, est la verge de la Révolution. Tous les deux ne sont que des verges de châtiment, nécessaires pour la correction de la France. Sans elles saurions-nous tout ce qu'il en coûte à s'écarter des principes fondamentaux, des lois éternelles et immuables de *vérité et de justice*, qui président à la formation, au développement, à la durée des sociétés humaines ?...

Aux yeux de bien des gens, le Bonapartisme est comme *un chat* prétendant mettre les *rats* à la raison dans une maison qui ne lui appartient pas, et dont il veut rester le maître au moyen du procédé si cher aux *révolutionnaires*.

Pour d'autres, il apparaît comme un îlot sur lequel on est encore heureux d'échouer pendant la tempête.

Pour nous, il apparaît comme le mirage d'une oasis dans le désert, mirage qui conduit toujours aux plus cruelles déceptions.

D'après un vieux dicton populaire, Napoléon Ier a fait tant de bien à la France qu'on ne saurait en dire du mal, et tant de mal qu'on ne saurait en dire du bien.

Pour savoir quelle dose de vérité peuvent contenir ces appréciations, il n'y a toujours qu'à consulter les faits.

Le premier Empire, en effet, rendant un éclatant hommage aux principes religieux de la catholique France, a eu le mérite de relever l'Eglise par le *Concordat*. Malheureusement, au lieu d'être un acte de foi sincère, ce ne fut de sa part qu'un grand acte politique, qu'il démasqua presqu'aussitôt par son œuvre sournoise des *articles organiques*.

En assassinant le duc d'*Enghien*, Napoléon Buonaparte se dévoila plus Corse que Français; il *tua* pour donner un gage de sang à la *Révolution*, et se déclara par là l'émule des Robespierre, Danton et Marat !

Sans doute, il fut le plus grand capitaine des temps modernes, mais stérilement, mais pas impunément ; il prépara les voies aux princes de Savoie en envahissant les Etats Pontificaux ; sacrilége, il tenta de faire un schisme, interna les cardinaux, emprisonna les évêques, traîna l'auguste Pie VII de prison en prison, et il attira deux fois l'invasion étrangère sur la malheureuse France qui *ne trouva son salut qu'en se plaçant sous l'égide d'un petit-fils de saint Louis !*

Plus tard, les incorrigibles révolutionnaires rendirent possible le second Empire qui ne s'intronisa qu'en profitant du *vol fait aux familles par la Révolution de leur antique droit de souveraineté nationale.*

Napoléon III appartenait à la secte des *carbonari*, autre variante de la *Franc-Maçonnerie*, qui lui accordèrent un temps déterminé pour bien s'asseoir, lui permettant même *d'aller à la messe !*... Il en profita, et sut rassurer les intérêts alarmés. Quelques mots heureux : *Il est temps que les méchants tremblent et que les bons se rassurent. — L'Empire, c'est la paix*...(??) suffirent à lui conquérir un peuple affolé de terreur, mais trop confiant et toujours généreux.

L'autorité sembla donc restaurée, même en vertu des principes modernes de 89 !... L'ordre rétabli dans la rue, sinon dans les idées, la religion respectée, la presse démagogique muselée, l'anarchie vaincue, l'armée réorganisée, on pouvait enfin compter sur son lendemain, et la sécurité devait infailliblement ramener la prospérité.

En effet, longtemps comprimée par la peur, l'industrie déploya ses vaillantes énergies et montra au monde étonné tout ce que pouvait, sous un gouvernement sérieux, notre belle France, à la fois catholique, agricole et industrielle !

Contre la théorie du *libre-échange*, professée par les *Anglomanes et nos industriels en chambre*, luttait M. *Rouher*, alors président du Conseil des ministres, et, dans une mémorable séance, avec l'autorité qui s'attache à un grand talent, il s'exprimait ainsi :

« *Le principe du libre-échange est celui-ci : Chaque pays doit produire exclusivement ce que la nature lui permet de produire au plus bas prix.* Nous repoussons formellement ce principe comme *incompatible avec l'indépendance et la sécurité d'une grande nation ; comme inapplicable à la France ; comme destructeur de nos plus belles industries... Le principe protecteur doit être fermement maintenu, nous devons protéger le travail national.* Les révolutions ne peuvent changer les *intérêts permanents d'un pays*. Sans exclure le progrès, le règlement des taxes, comme tout ce qui a trait à l'administration commerciale et financière, doit constituer une politique traditionnelle, nationale, *et non une politique de circonstance.* »

On ne pouvait mieux dire.

On ne pouvait se mieux clouer soi-même au pilori de l'histoire, le jour où l'on trahirait *les intérêts permanents de son pays, où l'on sacrifierait le travail national à une politique de circonstance !*

Comment la fougue française, *furia francese*, n'aurait-elle pas affronté les chances de l'industrie, devant des déclarations aussi rassurantes ?

Les Sociétés de crédit se multiplièrent ; les épargnes des familles avec les emprunts devenus faciles, firent sortir de terre cette innombrable légion de *manufactures, d'usines et d'outillages perfectionnés*, qui centuplent la production et engendrent la richesse tant que la sécurité règne dans le monde, et qui n'engendrent que la faillite et la misère, un affreux paupérisme, *dès que la confiance générale*, excessivement craintive de sa nature, se sauve *à tire d'ailes*, dans des retraites ignorées ou dans des tiroirs fermés à triple serrure.

Eh bien! le jour vint où le Bonapartisme eut besoin de se faire pardonner la futile annexion de *Nice* et de la *Savoie, en sacrifiant à l'Angleterre notre magnifique industrie française.*

Un marché de dupe, le libre échange fut inauguré en 1860 sous les idées de quelques professeurs idéologues et de journalistes vendus à la *perfide Albion*, sous les auspices d'un *Sainte-Beuve* qui se glorifiait de manger du *saucisson le Vendredi-Saint*, en compagnie de son digne ami *le prince Craint-Plomb!*

La France industrielle pourra-t elle oublier qu'elle fut livrée pour un misérable intérêt, *pour une politique de circonstance*, selon la propre expression de M. *Rouher* qui n'eut pas honte de *pirouetter* en devenant, aussi lui, l'avocat du *libre-échange*.

Certes, l'Empereur n'eût pas mieux demandé que d'être bon prince, que de jouir tranquillement de *sa couronne révolutionnaire*, en contentant cette nation française si chevaleresque et si bonne, si tolérante et si gouvernable; mais le malheureux ne s'appartenait pas!... il relevait de la secte qui avait reçu son serment et qui avait travaillé pour sa fortune.

Sa fameuse lettre à Edgard Ney n'avait d'autre but que de faire prendre patience aux sectaires qui, mécontents de son attitude suspecte envers le *Pape*, se décidèrent à le condamner à mort comme transfuge, et envoyèrent *Orsini* pour exécuter leur sentence.

Dès ce moment, Napoléon III *perdit la boussole*; il ne rêva plus que du détrônement des princes d'Italie, qui gouvernaient, non en despotes, mais en vrais pères de famille, très-aimés du véritable peuple. Il n'eut plus qu'une idée fixe, celle d'obtenir son pardon de la Révolution. Il déclara la guerre à l'*Autriche*; non! bien plutôt à son pays, à la *France!* Il en allait démolir les remparts en détruisant ce qui restait encore debout de la politique si prudente et si intelligente de nos rois, *en faisant contre nous l'unité italienne, grosse de l'unité allemande!*

Et par suite, levant tout à fait le masque qui voilait sa nature révolutionnaire et son servilisme aux ordres d'une poignée d'assassins et de sectaires, il acheva de se détruire lui-même, sans paraître s'en douter, en assumant sur sa tête la responsabilité de la *trahison, du crime infâme de Castelfidardo!*

La France catholique pourra-t-elle oublier jamais qu'avant de recevoir son châtiment à *Sédan*, il avait fait publier par son acolyte, *Arthur de la Guéronnière*, cette odieuse brochure: *le Pape et le Congrès*, où l'artiste gallican mesurait les dimensions *du jardinet* dans lequel on *enfermerait le grand Pie IX*, avec une forte rente, *comme un porc à l'engrais!!!*

Oh! pardon, Saint-Père, pardon, *auguste Chef de la chrétienté*, de rappeler un tel outrage, qui fit bondir d'indignation *les trois cent millions de fils* qui vous vénèrent dans le monde!

Quelles que soient nos préoccupations industrielles, elles ne sauraient nous trouver indifférent à la grave question religieuse qui prime toutes les autres; seulement nous sentons que nous devons laisser à d'autres, plus compétents et plus autorisés, le soin de faire comprendre et de faire aimer les principes divins de notre *sublime catholicisme.*

Mais nous ne voulons pas clore ce chapitre sans dire toute notre pensée sur le *libre-échange*, dont il sera possible d'arrêter les ravages par la révision des traités de commerce qui doivent bientôt expirer.

A nos yeux, le système protecteur et le système libre-échangiste ne sont pas des *principes*, mais de de simples procédés plus ou moins opportuns, de bien administrer son ménage économique. Les Anglais sont nos aînés dans le commerce et l'industrie. Habitants d'un pays qui n'est pas favorisé du soleil, ces fiers insulaires comprirent de bonne heure que la mer était le champ fertile à eux réservé par la

Providence, et, à l'exemple des flottes du roi *Salomon, des marchands de Sidon et de Tyr,* ils fondèrent patiemment une marine puissante qui devait les dédommager amplement, sous le rapport de la richesse, de tous ces biens naturels dont le divin Créateur avait comblé la France.

Pourquoi, de nos jours, la France devenue industrielle, sans cesser d'être éminemment agricole, ne prendrait-elle pas l'Angleterre pour modèle, en faisant ce qu'elle a fait et non pas *ce qu'elle nous dit de faire ?*

Elle a protégé son industrie naissante jusqu'au jour où elle s'est sentie la plus forte. Aucune autre nation du monde, sauf l'Amérique et la Russie, n'a *usé* et abusé autant qu'elle du *système protecteur*. Comme elle aussi, nous pouvons pratiquer le *libre-échange*, là où le sacrifice de dix rapporte vingt, et là où nous sommes les plus forts. Mais avec notre caractère français, nous n'osons plus dire *libéral*, nous ferons encore plus qu'elle, il nous suffira d'être à forces égales ou dans des conditions analogues, compensatrices pour faire du *libre-échange* avec elle.

En attendant, l'Empire nous a lié les bras ! Personne, aujourd'hui, ne peut contester sérieusement la situation précaire, lamentable, faite à notre industrie par les clauses des traités de commerce; et nos souffrances sont nécessairement aggravées par les ardeurs des luttes politiques; le chômage atteint chaque jour des proportions navrantes pour une grande partie de nos populations ouvrières, et pourtant l'évidence des faits ne désarme pas les journaux inféodés aux théories *libre-échangistes*. Ils voudraient faire croire qu'une élévation équitable des tarifs douaniers isolerait la France commerciale, alors que, de tous côtés, nos co-traitants donnent l'exemple et se montrent disposés à défendre leurs propres industries contre des concurrences auxquelles elles veulent opposer un frein. L'Allemagne elle-même prétend ne plus vouloir abandonner son marché à l'Angleterre. En effet, depuis que celle-ci s'est vu fermer presque complétement le débouché américain, elle profite de toutes les petites issues ouvertes par les traités de commerce pour appliquer aux autres peuples les théories de son système des *échanges libres*, moyen qui peut seul satisfaire à la fois les deux pôles de son existence: « *placer au dehors l'énorme excédant* de son immense activité industrielle » *et attirer par contre chez elle tout ce qu'il faut à la vie de sa population et que son sol ne produit pas.*

Cela allait encore assez bien lorsqu'en échange des produits de son industrie, l'Angleterre recevait les immenses approvisionnements de vivres qu'elle puisait sur le sol américain ; mais aujourd'hui que, toujours tributaire des Etats-Unis pour son pain, elle ne peut plus leur faire accepter ses produits manufacturés en échange, elle ne sait plus qu'en faire, et alors elle comble particulièrement la France, c'est-à-dire le plus beau marché du monde, de produits que nous sommes très-bien placés pour produire nous-mêmes, et dont la fabrication assurerait au moins la vie de nos ouvriers.

Est-ce à dire qu'il faille tomber dans l'exagération des tarifs à l'importation? Non, la France se gardera bien de s'enfermer chez elle, et de ne pas prendre la part qui revient légitimement à sa grande situation industrielle; mais entre des droits exagérés et des tarifs insuffisants, il y a une marge qu'il importe de déterminer avec droiture et sans passion politique, sans l'entêtement d'un parti pris d'avance.

Maintenant, reste encore une question inquiétante, c'est de savoir si, le moment venu, nos Républicains, à l'exemple des Bonapartistes, ne voudront pas acheter *les sourires de l'Angleterre* en continuant de lui sacrifier les intérêts Français?... Malheur, malheur aux nations dont les gouvernements *d'aventure* sont obligés de chercher des appuis auprès de *l'Etranger!...*

CHAPITRE VII.

Haute civilisation des infusoires modernes. — La goutte de vinaigre. — Nouveau jardin d'acclimatation.

Un clérical de nos amis, physicien amateur, eut la bonté de nous inviter à une séance de jour, à laquelle nous eûmes l'honneur de nous rendre avec empressement.

Cette invitation nous arrivait au milieu de nos réflexions, plus ou moins philosophiques, sur l'acquittement d'un assassin par le jury. Le scélérat avouait son crime avec cynisme, et pour toute défense il se bornait à dire : « *Que voulez-vous, je suis comme ça, je ne me suis pas fait !* » C'est clair, ajoutait l'avocat, *il n'est pas responsable ;* en le condamnant, vous condamneriez *un innocent.* »

Telle est la théorie, trop souvent mise en pratique, de quelques philosophâtres matérialistes, qui ont tant d'esprit qu'ils en sont fous !

Pourtant les jurés étaient des catholiques, mais

des catholiques pour *rire*, qui entendent la messe sans daigner lire leur *Paroissien romain*, où ils eussent aisément puisé la science de leur *devoir social*.

Ces catholiques appartiennent, *momentanément*, à la catégorie *des beaux-esprits*. Dans nos églises, on n'en compterait pas deux sur cent ; ils se reconnaissent à leur manière distinguée de faire *leur signe de croix*... comme s'ils chassaient une mouche importune ! Patience, ils n'en deviendront pas moins des catholiques sérieux après les leçons de quelques *épreuves inévitables de la vie !*

Et, reportant notre pensée sur l'apparent succès d'un *Darwin*, d'un *Littré*, et de certains autres qui sont *ou des charlatans*, *ou des fous qu'il faut plaindre*, *mais séquestrer*, nous disions *in petto* : c'est égal, pour que *libre-penseurs*, *athées et révolutionnaires* parviennent, à tour de rôle, pendant quelques périodes désastreuses, à bouleverser les idées, à s'emparer de la France, il faut que nous ayons tous une fameuse dose de patience, et qu'ils aient, eux, une furieuse dose d'esprit ! ... où diable sont-ils allés le pêcher ?

C'est sous l'influence de ces pensées parfaitement libres que nous entrions chez notre ami, le *physicien*. L'objet de la séance était le spectacle d'une goutte de vinaigre, vue au *microscope solaire :* les *infusoires* s'y livrent *au combat à la vie*, avec un entrain féroce qui, du reste, est fort amusant ; et, sans que la décence soit trop offensée, ils y exercent les *libres amours*, *les libres mariages* qui charment tant notre *Adonis Naquet;* ils y jouissent, dans toute sa plénitude, *de la liberté illimitée*, dont ils ont évidemment révélé le *principe à notre très-libéral accoucheur d'une idée par jour*. Ils sautent, gambadent, montent, descendent, tombent, se ramassent; tournent avec cette aisance qu'ils ont enseignée à plusieurs de nos grands politiciens, et tournent, tournent encore avec une vitesse tellement vertigineuse, qu'il est impossible au plus fort mathématicien de calculer combien de *révolutions* ils accomplissent dans un temps donné! C'est très-curieux: ils se poursuivent, courent, volent ou nagent; s'attrapent, se quittent, se rattrapent, puis se mangent entr'eux, jusqu'à ce que le dernier, devenu très-gras, ayant mangé tous les autres, aille enseigner aux géologues de l'avenir les *principes mirobolants* du *fieri*, principes qui, dans notre ère de progrès, ne sont plus à l'état de simple théorie.

Alors, tout s'explique: nous apprenons comment les Révolutionnaires ont pu prendre tout l'esprit des bêtes, en pêchant dans une goutte de vinaigre. Admirable découverte! Comme tout se simplifie et se fond harmonieusement dans l'attrayante synthèse dont voici la formule: *Sauter, gambetter, festoyer, jouir, s'entre-dévorer et mourir!* ... Quoi de plus beau! le savant système des *petits sans Dieu* était trouvé, et le droit imprescriptible de la matière devenait sacro-saint! . . Plus besoin de travailler pour vivre et se vêtir ! les forces naturelles, attractives et répulsives, suffisent à toutes les nécessités. Quel besoin de rustiques laboureurs, de boulangers et de cuisinières quand on a son repas tout préparé dans la peau de son voisin ? A quoi bon tailleurs et tailleuses, lorsque *la feuille de vigne* n'est même plus nécessaire ! Et pourquoi faire des cordonniers, des ravaudeurs et décrotteurs, des maçons et des artistes, des cochers, des domestiques dont l'humble condition insulte à la sainte égalité démocratique?

Pourquoi conserver une magistrature revêche, qui se permet de rendre des arrêts, et non pas des *services !*

L'assemblée générale des Infusoires, dans sa prochaine séance, décrétera solennellement :

1°. *La liberté illimitée de la force, qui est le seul signe de la souveraineté.*

2°. *Chaque citoyen sera libre de manger ou d'être mangé.*

3°. Il ne sera fait qu'une bouchée, *en bloc, des prêtres, des magistrats et des gendarmes.*

A la bonne heure ! ainsi veut la logique des *immortels principes de* 89.

Grâce à ces *principes* très-modernes, qui ne datent que du temps de *Caïn*, l'humanité va se trouver enfin affranchie du *pétrin !*

Songez donc à la seule ration journalière de trente-six millions de Français, à ce pudding de farine pesant trente millions de kilogrammes, qu'il faut pétrir chaque nuit, pour servir, tout chaud, chaque matin, à trente-six millions de bouches affamées ! ... Mais c'est contraire à tous les *principes du progrès.*

Qui donc ne s'émerveillerait pas de tant de génie contenu dans cette petite goutte de vinaigre, où chacun est son Dieu à soi-même, où tous ces petits et grands *dieux* n'ont que faire de savants, de bourgeois et de propriétaires, de tous ces arriérés du vieux-monde, sinon de les ajouter allègrement au *libre festin des libres infusoires.*

Voilà le vrai progrès ! Si les Révolutionnaires n'y sont pas constamment et absolument fidèles, il ne faut pas trop leur en vouloir, *ô gloutons* impatients, qui vous étrangleriez en voulant tout ingurgiter à la fois ! ... Ils font ce qu'ils peuvent, pas tout ce qu'ils veulent, devant ces catholiques rétrogrades qui les gênent, les contraignent à des ménagements pénibles, mais opportuns. Patience ! *le gros des gros,* le plus célèbre *des infusoires,* ne vous a-t-il pas admirablement préparé les *voies,* en employant son génie satanique à battre en brèche les bases de toute société humaine, *l'Évangile et le Décalogue,* dans toute la mesure du possible ? ... Est-ce que, grâce à la prévoyance de *petit Thiers,* mort fort gras dans son vinaigre, vous n'êtes pas à la veille de triompher sur toute la ligne, si vous daignez être sages en ne vous exposant pas à crever d'indigestion ? ... Ce n'est pas *Thiers* qui, malgré sa bonne envie, aurait *mangé crûment du Pape, il savait qu'on en meurt!* Il se dédommageait, le pauvre! *en mangeant les rois,* et quand cette denrée de choix lui manquait, il savait se rabattre sur *les Flourens, les Raout-Rigaud, les Delécluze,* et tant d'autres *infusoires* écervelés qui servirent à l'entretien de sa florissante santé!

Patience donc, *gloutons!* On glisse vers vous chaque jour, et la planche a été savonnée par d'habiles mains, des mains *académiques.* Songez-y, *Rochefort ministre, c'est Blanqui gouverneur de la Banque de France!* C'est votre grand festival de chair humaine, qui déjà se mitonne dans le vinaigre, c'est le commencement de *la fin,* du doux retour au pays natal, *au cher chaos,* qui est le point *de départ!* Alors seulement, c'est vrai, la grande *Révolution sera accomplie.*

Il est vrai aussi que vous serez avec nous devant le *Maître de toute nation,* devant le *Maître des maîtres,* devant Dieu qui nous jugera tous! Sa souveraine justice ne s'inquiètera guère de vos *ex-comédies d'égalité,* elle mettra chacun de nous à sa place:

Les bons, en haut, *in altis!*

Les mauvais, en bas, *in flammis!*

Il est fort raisonnable de penser que le *milieu de l'étagère* sera passablement *chauffé* pour recevoir les politiciens *d'entre-deux.*

En attendant, les habiles pilotes qui conduisent le vaisseau de la France, font réellement tout ce qu'ils peuvent pour que vous les laissiez quelques jours de plus au pinacle, pour vous contenter, même pour vous obéir ! Voyez les *nudités* cyniquement exposées dans les théâtres et sur les places publiques ; les luxurieux étalages de caricatures *à votre goût*, ignobles et obscènes, concourant avec ardeur au développement de votre civilisation *moderne ;* l'abondance des kioskes asiatiques où trônent vos feuilles de la presse-vorace !... Et tous les murs de la capitale ne sont-ils pas couverts d'afiches illustrées où reluit le noble blason des *infusoires ?*

En attendant la fin, ricanez, sautez et festoyez ; niez la divine justice, niez *le feu éternel*, lorsque vous n'avez pas pu, de tout temps, creuser un puits profond sans être suffoqué par la chaleur. Aussi bien, les belles courtisanes de *Pompeï*, sirènes corrompues, et corruptrices, folâtraient, dansaient quand le feu du Vésuve les surprenait et cautérisait, *in æternum*, leurs lubriques ulcères !...

De progrès en progrès, vous voici revenus à ce joli temps. « *O tempora, ô mores !* »

Et nous nous trouvons arrêtés, dans notre circulation à travers les rues de Paris, par un attroupement qui se renouvelle sans cesse devant une affiche *rouge de flamme*, annonçant au public que le docteur *Simius*, le plus célèbre des anthropologistes, va faire une conférence scientifique dans la grande enceinte de l'hippodrome, où chaque amateur peut assister moyennant sa pièce de vingt sous. En tête de l'affiche, à titre de *great-atraccion*, figurent *quatre squelettes;* deux très-beaux de la race simienne, et deux fort laids de l'espèce humaine; en sorte que tout passant, après avoir vu et lu, dit: « Tiens, c'est vrai, *nous provenons du singe*, faut aller voir ça!

Nous aussi, curieux et badauds comme tant d'autres, nous cédons à l'attraction, et nous nous rendons à cette conférence dite *scientifique*.

Toutes les places étant assez vite envahies, le *savant*, enchanté de la recette, apparaît sur l'estrade. Rien qu'à la vue du docteur *Simius* mille bravos, bien nourris, partent du milieu de l'enceinte. Il ouvre la bouche, et avant qu'il ait dit un seul mot, le chef des *romains de la rampe* fait, d'un signe, éclater une seconde et formidable salve de *bravos*.

Le public paraît enchanté... Il n'est pas difficile!

Enfin l'enthousiasme *de commande* se calme et permet au fameux docteur de pérorer longuement, mais *très-éloquemment*, sur les générations spontanées, sur la *matière* qui se putréfie (ne sent pas bon) et se régénère; sur le fumier qui produit les melons et les lis, enfin sur le *principe du devenir*, *fieri*, *par voie de sélection*.

Il prouve, sans réfutation possible, que les *infusoires*, après s'être longtemps mangés entr'eux, sont devenus, de progrès en progrès, durant des milliards de siècles, à travers les âges du monde, à l'état de *vertébrés*, de *mammifères et de singes*... de singes allant toujours en se perfectionnant, jusqu'à devenir, *fieri, des hommes!...* Et pour preuve, il touche de sa baguette les quatre squelettes peints qui ornent le ciel de son estrade.

Devant cette perfectibilité, s'écrie l'orateur *convaincu*, nous devons tous nous incliner, et admirer humblement la puissance créatrice de la *matière.* »

— « *Nous voulons voir des singes en chair et en os*, nommons une députation qui aille au Jardin des Plantes prier les hôtes du palais des singes, de venir honorer la séance de leur illustre présence. » Telle est la motion qui se produit, ardemment soutenue d'un côté, souverainement combattue de l'autre.

Mais il faut toute l'autorité du savant *Simius* pour ramener un peu de calme dans l'auditoire en délire. Ses yeux d'*orang-outang* tournent dans leur orbite avec une effrayante rapidité, avec la prétention de fasciner l'assemblée, et d'un bras long, dépassant toute mesure, il saisit et brandit quelque chose, de pas beau, mais qui doit être *d'un effet renversant.*

Tant mieux! Il était temps, il était dur d'avoir payé vingt sous, pour respirer les répugnantes odeurs d'une science malsaine, pour être suffoqué par les sécrétions chimiques de la *matière*, soit du cerveau, de l'oreille ou d'ailleurs... Vite, vite, *Madelon*, tirez le rideau, ouvrez les fenêtres!!

Enfin, nous allons peut-être passer de la science par trop azotée à la science *pré-historique*. Nous n'en serons pas plus avancés; le diable, lui-même, avec tout son esprit, ne s'y reconnaîtrait pas.

« Mes amis, *chers disciples* (?), fait *Simius* avec onction, cet os est creux... il est creux, m'entendez-vous?... Ah! cela vous est indifférent, et, cela me pénètre de pitié, d'épouvante et d'horreur!

De pitié, pour ceux qui furent nos ancêtres, nos premiers pères!.. D'épouvante et d'horreur, pour le *grand combat à la vie* auquel ils durent se livrer pour se perfectionner!

Hélas! ces *martyrs du progrès*, passés de l'état de *singe* à l'état *d'homme*, ont eu la faiblesse de s'adonner à de détestables friandises, pendant quelques millions de siècles... *Les plus forts*, non contents de manger simplement les plus faibles, devinrent d'un sensualisme coupable, d'un appétit singulièrement raffiné, et, après s'être repus de la chair, ils se sont délectés à *sucer la moëlle* des os de leurs victimes!!C'est triste à dire, j'en suis navré, mais le *savant* se doit à la *vérité* plus qu'à ses sympathies, quelque vives qu'elles soient pour nos honorables ancêtres!... D'ailleurs, je ne parle devant le peuple qui m'entend que *preuves à l'appui;* cet os a été découvert par un de mes amis, comme moi infatigable pionnier de la *science*, dans un dépôt d'alluvions, supérieur au *terrain crétacé*, appartenant à la série moyenne des *terrains tertiaires* (ici un timide coup de sifflet se fait entendre). Pourquoi cet os est il *creux?...* Parce que l'anthropophage vainqueur a extrait pour les jouissances de sa gourmandise toute la moëlle des os du malheureux vaincu *dans le combat à la vie. Væ victis!*

Maintenant, citoyens, vous méditerez dans le silence de vos cabinets *d'étude* sur les terribles péripéties où ont passé nos pères pour arriver progressivement, d'âge en âge, à l'*état de perfection* où nous avons le bonheur de vivre! bonheur imparfait encore, mais qui est le prélude de celui dont nous jouirons *prochainement* dans quelques autres milliards de siècles, sitôt que nous aurons fini de couper *nos queues* pour les remplacer par des ailes! Voilà le travail du présent et de l'avenir, il faut vous y livrer avec ardeur; allez, instruisez-vous, accourez à nos cours *laïques*, apprenez de plus en plus à voler... haut dans les airs, jusqu'à ces sphères lumineuses où l'homme, planant au-dessus des nuages, jouira du *bonheur parfait* que je vous souhaite à tous... Ainsi soit-il...

Et le faux docteur, croyant avoir bien gagné son argent, avale sa dernière gorgée d'eau sucrée et se prépare à lever la séance, lorsqu'un *mécontent* s'écrie: *Mais c'est là une indigne parodie du sermon catholique!...* Un autre, d'un caractère mal fait, clame: *Vous êtes un voleur, si vous ne volez pas encore dans les airs, vous volez dans nos poches, rendez l'argent!*

— *A la porte, les cléricaux!* hurlent à la fois cinquante *claqueurs*, payés pour la propagation des lumières.

Mais la grande majorité, d'abord hésitante, se détermine énergiquement contre l'effronté comédien qui s'est moqué de son public. Alors le tumulte arrive à son comble, le cirque n'est plus la salle des clowns, des chevaux de haute école, des ânes *savants*, c'est une mer en furie! c'est une tempête qui menace d'engloutir la barque de *Simiûs*.

Celui-ci prudemment fait demander main-forte à la police. En attendant, il essaye de conjurer le naufrage par ces fières paroles : *La science habite des sphères trop élevées* pour que les insultes des *cléricaux* puissent l'atteindre.

Presqu'aussitôt on voit un jeune homme, à l'air digne et modeste, montant avec calme les degrés de l'estrade. Il rassure le savant par un gracieux salut de politesse, lui demande la parole, et la réclame aussi de la bienveillance du public... O surprise! devant cet adolescent qui est un type de l'idéale beauté; qui est, à lui seul, une protestation souveraine contre les absurdes théories qui viennent d'être débitées, un calme plat succède à la tempête! que va-t-il dire? toutes les oreilles sont attentives:

« Pardon, Monsieur le docteur! fait-il, avec une aisance parfaite, vous vous trompez, cet os que vous exhibez n'est point un fossile provenant de *l'homme primitif*, c'est simplement un sifflet de mon pays, comme les touristes, les pèlerins de Lourdes en rencontrent souvent sans les chercher dans nos Pyrénées où les pâtres ont l'antique coutume de creuser un os quelconque pour appeler, en *sifflant*, leurs troupeaux épars sur la montagne ; » puis, tirant de sa poche un os absolument semblable à celui de *Simius*, permettez, dit-il, que je vous fasse la preuve *en sifflant*.

Soudain, à ce coup de sifflet fort innocent, répondent mille sifflets d'une stridente énergie. Chaque spectateur a cherché une clef dans sa poche, en criant avec ensemble : *à la porte, Simius!* et toutes les clefs sont subitement devenues *par voie de sélection d'impitoyables sifflets!*

Un tel vacarme appelle naturellement l'intervention de la police, et le charlatan en profite pour se dérober dans un couloir, *sans oublier d'emporter la recette.*

Sur l'ordre du commissaire de police le cirque est immédiatement évacué.

Mais le jeune Béarnais est suivi de l'œil, gardé à vue, et lorsqu'il arrive à l'entrée de *la rue des Postes*, un *limier*, de la race que nous allons voir bientôt *au Muséum du nouveau Jardin d'acclimatation*, l'appréhenda au corps en disant : « Je m'en doutais bien, vous n'êtes qu'un élève de la *jésuitière*, vous avez troublé l'ordre à la conférence *scientifique* de notre grand docteur *Simius*, misérable perturbateur de la paix publique. *Suivez-moi!* »

Ne faisons pas, s'il vous plaît, les étonnés pour si peu! Est-ce que c'est du nouveau dans la petite *France de petit Thiers?*... N'avons-nous pas déjà vu *Caussidière*, chef de la police, avec ses escouades de forçats libérés?

« *Où allons-nous? où allons-nous* maintenant, si les *gredins* sont chargés d'emprisonner les honnêtes gens, s'écriait un marchand pessimiste, obligé de fermer sa boutique faute d'acheteurs.

Eh! parbleu, nous allons, demain, à la fête, à la *grande fête nationale* célébrée, à grand orchestre, au jardin *moderne d'acclimatation*. Tout Paris, bien mieux *toute la jeune France... des infusoires* s'y rendra.

En effet, *les infusoires* devenus, par la vertu du *fieri*, grenouilles, rats et singes, en attendant qu'ils deviennent *presque des hommes*, ont voulu donner au *monde étonné* une grande idée de leur *savoir faire*. Contenus, en principe, *dans une goutte de vinaigre*, ils sont bien parvenus à faire contenir leur *parodie de France* dans un *jardin d'acclimatation*, où il leur importe de *cacher la misère publique* par les splendeurs d'une fête offerte à tous leurs congénères de l'Univers. Ce jardin, qui est l'*Eden sacro-saint* de la *Révolution*, est assez grand pour contenir aussi de simples curieux, même quelques coupables contempteurs de la *haute civilisation des infusoires moder-*

9.

nes; donc, en nous allégeant d'une autre pièce d'un franc, nous entrons dans l'*Eden!*... c'est magnifique!

D'abord, sous l'arc de triomphe qui décore l'entrée, et devant les quatre pilastres peints et embellis de toutes les attractions de la *matière*, se tiennent debout quatre grenouilles, belles de leur beauté naturelle, qui s'enflent, mais qui s'enflent à en crever!... Sans rire, dignes et fières, elles invitent gracieusement le public à la fête.

Emerveillée de tant d'attraits, la foule accourt, se presse et nous porte dans son courant irrésistible, sur le premier plan de *l'incomparable jardin d'acclimatation*, entouré d'une muraille de *carton-pierre*, au-dessus de laquelle on aperçoit les riches coteaux de *Suresne*, produisant d'excellent vin de Bordeaux, depuis que les révolutionnaires ont su y implanter la vigne du *Médoc*.

Encore plus fort! les voilà qui se livrent à l'implantation des mœurs et coutumes, anglaises et américaines, pour remplacer le trop vieux génie de la France, pour nous débarrasser des mœurs, coutumes et traditions françaises, le tout étant absolument démodé. Aussi que de *goddem* retentissent de toutes parts! combien y sont nombreux les travailleurs à l'*américaine!* comme les filles d'Ève sont heureuses de retrouver là leur paradis perdu : les arbres y sont chargés de pommes et les gourmandes en prennent à leur aise!

Nous circulons à travers des sites pittoresques et charmants. Ici, des massifs de pavots avec leurs fleurs d'un beau rouge ; là, des bosquets discrets ; ailleurs, des rivières anglaises, des rochers, des lacs, des cascades.

Partout, de distance en distance, des myriades de statues, façon bronze, émaillent ce féerique paysage.

Les *infusoires* reconnaissants ont élevé toutes ces statues à la gloire de leurs illustres *gloutons*, trépassés à l'état de singes. L'une d'elles, qui a le masque grimaçant, a bien son postérieur endommagé d'une manière fâcheuse. On nous dit que c'est le *masque de Voltaire*, habitué aux coups de pieds de ses amis *les Prussiens*. Il en avait reçu un premier, bien appliqué, de *Frédéric II* dont il était le valet, parce qu'il n'avait pas *ciré les bottes* à la fantaisie de *son maître*.

En somme, ces statues, bien que fort laides, ne font pas mal dans le tableau, où elles sont utiles pour les effets de contraste.

Ce qui nous impressionne le plus, c'est d'y voir que tous les hommes marchent maintenant *les pieds en l'air, la tête en bas !*... c'est renversant !

Voici des multitudes d'acrobates plus forts que *Blondin :* ils sont ivres, se soutiennent à peine, et cependant, sur une simple ficelle, ils passent leur *Niagara*, les yeux bandés, toujours *les pieds en l'air !* Il est vrai qu'ils tombent souvent, en faisant rire, mais pas dans l'eau, sur une poussière finement tamisée par un certain *Ledru-coquin*, qui tenait à ce que, après lui, les sauteurs, ne se faisant aucun mal en tombant, pussent se relever comme *les chats sur leurs pattes*, et continuer leurs cabrioles pour *rattraper la corde.*

Au milieu du jardin se trouve un splendide mât de cogagne, peut-être un peu trop savonné, mais couronné d'un flamboyant budget de *trois milliards* dont chaque grimpeur, s'il ne se casse pas le cou, peut attraper sa bonne petite part.

On voit aussi beaucoup *d'ânes savants* dont la musique, forte en croches et nicroches, agaçante, étourdissante, produit néanmoins une certaine symphonie très-goûtée de leurs *dilettanti.*

S'il n'y a pas la femme géante, en revanche on voit des *pygmées*, des *mirmidons* dépecer un *géant* avec une habileté prodigieuse, et le *géant, bonne bête, se laisse faire!!...*

On y admire de belles dames très-pimpantes, des *cocottes* luxueusement habillées à la *Bismarck*, qui se contenteront de la classique feuille de vigne sitôt que le citoyen *Progrès*, qui a fait fuir toute pudeur, aura fait fuir le froid, la pluie, les catarrhes et les rhumes.

Mais ce qu'il y a de plus mirobolant, c'est sans contredit l'étonnante collection des *journalistes chauve-souris*, la plupart Badois, Allemands, Anglais,

Italiens, Suisses, etc., etc.., tous déguisés en Français, superbement galonnés, décorés de la *croix d'honneur* et de toutes les autres croix que les gros infusoires savent mêler à leur *parodie sacrilége*. Ces gens se croient obligés de faire un bruit, un tintamarre assommant qui s'échappe de leur *orchestre cyclopéen*, autour duquel grouillent des foules de badauds électrisés, tous répondant en chœur : *brigadier, vous avez raison.* »

Un peu plus loin, dans une allée sinueuse, nous rencontrons les *charmeurs* qui apprivoisent des serpents en se tenant toujours néanmoins prêts à leur écraser la tête, si cette éducation présente quelques dangers ; c'est égal, il le faut, car on a un pressant besoin *du venin des reptiles*.

Encore une heure d'attente fort agréable! pour assister aux émouvants exercices des dompteurs *d'animaux féroces*... et, pour user le temps, voici *la barque à Caron* qui vous invite à monter à son bord. L'aimable nautonier ne prend rien, au contraire, il donne, il offre des petits livres avec des images très-alléchantes!... Il ne navigue plus sur l'onde noire du Styx, mais par les gracieux méandres d'une rivière anglaise, il vous conduit à la grande cascade du bois des Nymphes. Seulement il vous fait passer sous le feu des batteries du *nouveau Muséum d'histoire naturelle*, et, bon gré, malgré, une escouade de gendarmes de *la race simienne*, vous force, en vertu de quelque loi sur l'instruction *laïque, obligatoire et gratuite,* à monter les degrés du temple de la science. C'est une construction prétentieuse, d'ordre ionique avec colonnades splendides et fronton majestueux, sur lequel on lit en *grosses lettres d'or :*

PHILOSOPHIE DU BAGNE.
LEÇONS GRATUITES ET OBLIGATOIRES.

Heureusement, c'en est assez pour que les élèves, obligés, aient d'avance leur aise d'une instruction laïque *qui ne coûte rien,* et n'aient plus qu'une furieuse envie de fuir en culbutant les gendarmes dont les *affreuses grimaces* sont d'une impuissance radicale, au moment psychologique où les premiers rugissements des lions annoncent au loin que leurs fameux exercices *vont commencer !*

On court, on se bouscule, on arrive, on s'étouffe, et l'on finit par pénétrer dans le sanctuaire des *animaux féroces.*

Pendant deux heures on reste, haletant, suspendu aux péripéties d'un drame; on attend dans de délicieuses frayeurs l'instant capital où le tigre va dévorer son dompteur... Mais, ô déception ! après des colères et des rugissements de commande, tous les animaux sautent docilement à la voix de leur maître, et c'est à peine s'il y a un mollet d'emporté, un bras à demi-mangé!... évidemment le spectacle a *raté*, la foule n'est pas contente! Cependant, comme on sait, à n'en pas douter, que les dompteurs seront dévorés prochainement par leurs élèves, d'*humeur changeante*, peut-être dimanche prochain, chacun se promet de revenir; et *M. Prudhomme*, toujours accompagné de sa fille qu'il veut élever *virilement*, reviendra voir, lui aussi... s'il est encore en vie, ou s'il a encore de reste quelques francs dans sa poche, ce qui n'est pas très-sûr.

La foule s'écoule et sort par l'arc de triomphe de *la Paix*. C'est un monument énigmatique, surmonté d'une *façon-déesse*, virago furibonde et avinée, *aux mamelles puissantes*, hideusement coiffée de son classique bonnet phrygien. Elle tient d'une main, collée aux plis de son *manteau fuyant*, une paire de rasoirs, et dans sa droite elle tient sans doute une branche d'O... non, non! C'est un gros paquet *d'allumettes chimiques*, prêtes à mettre le feu aux quatre coins de l'*Europe*... toujours *par amour de la paix!*

O Barbier, votre fille vous a valu les *palmes académiques*, mais prenez garde à ses *rasoirs*, car, dans ses fureurs, cette jolie petite ne connaît ni père, ni mère, ni parents, ni amis.

Voilà donc, tel qu'il est, avec son charlatanisme à la fois curieux, burlesque et horrible, le moins mauvais côté de leur médaille, à ces *infusoires* de la *jeune France*, qu'il ne faut point confondre avec la France de tous les temps, avec la grande, illustre et catholique France.

La folie passera, mais la France restera.

Quant à l'autre côté de leur médaille, elle porte sommairement : Invasions étrangères, démembrement, massacres, ruines et incendies ; triomphe de l'ignorance, de l'intrigue et de l'orgueil ; de la cupidité, de la haine et de l'envie ; avilissement, effacement de la France dans les conseils de l'Europe ; succès de l'imbécillité ; confiscation de la souveraineté nationale des pères de famille par une pulvérisation hypocrite ; étranglement de la *liberté* par l'oppression du *mal ;* insulte au catholicisme, religion de la France ; ruine du commerce et de l'industrie ; contribuables *saignés à mort ; dîme intolérable de trois milliards,* et, sous tous les masques de l'imposture, *la lèpre hideuse de l'athéïsme et du vice*, s'efforçant d'infecter tout ce qu'elle parvient à toucher ! ! !

Français et catholiques, nous courbons avec résignation sous le poids de tant de maux, parce que l'espérance nous soutient, parce qu'ils sont sans doute une leçon méritée, une expiation nécessaire de nos fautes passées. Nous serons d'une patience évangélique jusqu'au jour où l'ennemi, passant *de la menace à l'action,* nous aura complétement mis dans le cas de *légitime défense.*

En attendant, prions, prions et souvenons-nous !...

Nous nous souviendrons aussi de la *journée de Lamartine, et de sa grande chasse aux rats.*

Révolutionnaires, prenez-en votre parti, le peuple catholique ne veut, pas plus aujourd'hui que dans les siècles passés, *que vous le mettiez à la porte de chez lui*.

CHAPITRE VIII.

L'Ouragan et l'Arc-en-Ciel. — Epilogue.

Ah ! ce n'est pas nous qui avons dit que la République en France, violente ou modérée, *tournait toujours au sang ou à l'imbécillité.*

Ce n'est pas nous qui traitons le peuple de *vile multitude*, nous qui le respectons, qui ne nous séparons jamais du *peuple* dont nous sommes partie intégrante.

Nous respectons la République ... là où elle est possible, où elle est chrétienne ; là où elle civilise de pauvres sauvages, n'ayant d'autre tradition que celle de se manger entre eux, que celle de la plus abjecte et la plus profonde misère !

Nous admirons ce *grand Républicain, Garcia Moreno*, président de la République de l'*Equateur :* il fit en peu de temps la prospérité de son pays par des miracles de sagesse et d'économie politique. Prudent, honnête et économe, il ne passa pas au pouvoir pour y faire une fortune scandaleuse, il ménagea les deniers du peuple ! Il diminua les impôts, tout en établissant des chemins de fer, des routes et des canaux. Enfin il tira l'*Equateur* de la misère, et le dota d'un commerce florissant ! Mais ...

Mais Garcia Moreno, cette noble figure républicaine, eut le tort, aux yeux des *francs-maçons*, d'être un excellent catholique, et ils l'ont assassiné, les *misérables !* ... en cela très-fidèles *aux us et coutumes de leurs frères et amis d'Europe*. Maintenant c'est *un pur*, *un ventillia* qui, après l'assassinat, s'est mis à sa place, terrorisant la ville de *Quito*, déchaînant la guerre civile, et replongeant l'Equateur, non pas dans la *barbarie*, mais dans la pire *sauvagerie !!*

Ainsi font partout les *francs-maçons* ou les *dérivés de la secte*, avec leurs grands mots de *philantropie*, *liberté*, *fraternité*, alors qu'ils n'ont que du fiel dans le cœur ! ... Non pas qu'ils soient tous des *assassins*, tant s'en faut ! car il y a dans la *franc-maçonnerie* plus de *dindons que d'aigles*. Ne sait-on pas qu'il suffit d'un mince filet de vapeur pour entraîner un énorme train de *bêtes inconscientes*, qui ne se doutent pas qu'elles sont conduites *au marché de Poissy ou de la Villette !*

La secte, hélas ! a littéralement couvert de sang innocent le sol de Paris, sol *toujours* fécondé par le sang des martyrs !

Sur cette place dite de la *Concorde*, où, tous les quatre matins, la République de 1848 se décernait solennellement l'immortalité, se dresse orgueilleusement l'obélisque de *Luxor*. C'est superbe, mais le colossal monolithe n'est pas encore assez opaque pour empêcher de voir au travers l'échafaud de *Louis XVI*; tout à l'entour on est suffoqué par une odeur de sang !

Soyons juste ! nos républicains actuels ne demanderaient pas mieux que d'être *bons princes*, de jouir en paix de leurs places, si nous voulions ... seulement ... *apostasier*, renier notre foi, nos principes qui font toute notre force ! A ce prix, ils accepteraient notre concours, prétendraient même nous protéger contre *les logiciens* de leur *révolution*, dont ils ont plus de peur que nous !

Eh bien ! qu'ils en soient certains, le peuple catholique n'apostasiera pas ! Il continuera de grandir sous l'égide de *Celui* qui, d'un signe, dompte la fureur des flots; il ne se séparera jamais de son *Christ*, ni devant la violence, ni devant l'hypocrisie ! ... Et déjà, serrant leurs rangs, contemplant leur nombre, leur masse, les catholiques se sentent de force, non-seulement à se protéger, mais encore à protéger les *imprudents trembleurs* contre la férocité du monstre qu'ils ont si sottement démuselé !

Industriels, commerçants, ouvriers, nous tous *Contribuables*, qui nous débattons aujourd'hui, sous le poids des impôts, dans le chômage, dans la détresse générale que nous ont causée tous les gouvernements *d'aventure*, toujours prêts à vendre la

France pour durer quelques instants de plus, ne désespérez pas! Courage et confiance, Jésus-Christ est avec nous!

D'un côté, dans nos rangs, se trouvent réunis la science, le talent, l'honnêteté politique et privée, le dévouement, la foi et l'espérance! Aux martyrs *d'hier* sont prêts à succéder les martyrs de demain! Pour nous, avec nous, *le droit et le nombre!*

De l'autre, *une jacobinière*, qui n'est qu'une triste parodie de la France, inventée par deux coquins, par deux frères *ennemis du* 18me *siècle!* L'on y ment *pour prendre, on y tue pour ne pas être tué:* c'est là que s'assouvit le vice, là que règnent la débauche, *la sottise et l'envie*, par-dessus tout *la peur!*

Pourquoi *craindrions-nous, hommes de peu de foi!* Non, l'espoir nous soutient, nous sentons que *l'heure de Dieu* sonnera bientôt.

N'avance-t-il pas ce jour prophétisé par le révolutionnaire *Odilon Barrot:*

« Sire, conservez soigneusement cet enfant, *car la France en aura besoin un jour.* »

Et l'enfant a grandi, s'instruisant à l'école du malheur et de l'exil! Et le Prince, dont tous les partis honorent le talent et la loyauté, est un père qui tend les bras vers la France, comme le père, de l'Evangile, les tendait à son enfant prodigue, tombé dans le dénûment et la misère!

Que les Catholiques se rassurent, ils n'auront pas

de sang à répandre pour revoir leur père! Qu'ils se groupent et se manifestent dans leur force, une nouvelle journée de *Lamartine*, comme au 22 mars, fera rentrer le banditisme sous terre!

Oh! nous devons attendre, pleins de foi et d'espérance, *la grande journée de Notre-Seigneur Jésus-Christ;* elle est proche, elle est *inévitable!* Seuls, les *Révolutionnaires* la trouveront incompréhensible.

Ecoutez:

« Il était bien puissant, *Napoléon* 1er, *en* 1812, quand il tenait prisonnier, à Fontainebleau, l'auguste Chef de la chrétienté, alors que son fils *naissait roi de Rome!* Sous sa main de fer, il tenait la plus vaillante des armées du monde, armée glorieuse, où s'étaient réfugiés, comme toujours, le patriotisme et l'honneur! Elle était esclave de la discipline, et *le maître* exigeait, pour son ambition personnelle, qu'elle fît trembler l'univers.

Et cette grande armée alla déplorablement se fondre dans les neiges de la Russie!... Et bientôt survint *la journée incompréhensible, la journée de Waterloo*

« *Tout m'a manqué*, s'écriait Napoléon, sur son rocher de Ste-Hélène, quand *tout avait réussi! Fatalité inouïe, journée incompréhensible !*

Napoléon III était aussi bien puissant après *Solférino;* sa politique tortueuse, déloyale et insensée ne rencontrait plus d'obstacles. *Pie IX* était à sa merci; il pouvait se croire le suprême arbitre de l'Europe, et cependant s'amoncelait l'orage qui devait fondre sur la France, à la fatale journée de Sédan: *Journée qui fut incompréhensible au grand coupable du guet-apens de Castelfidardo!* »

Pour nous, Catholiques, en attendant les effets certains de la justice divine, *ne conspirons pas, nos ennemis conspirent suffisamment contre eux-mêmes!...* Bornons-nous à réclamer énergiquement *le vrai suffrage universel, honnêtement exercé*, et montons sur les hauteurs, *sursum corda!* Nous y verrons *la croix qui brille dans les cieux, portée sur un magnifique arc-en-ciel* annonçant la fin des orages!

Epilogue.

La salle des mystères politiques se trouve placée dans le vaste sous-sol d'une *tour de Babel*, toujours recommencée, jamais finie, dont les ruines se succèdent en désolant la terre. On voudrait, au grand regret des archéologues présents et futurs, les faire disparaître, parce qu'elles constituent un danger permanent pour la sécurité publique.

On ne peut parvenir à cette salle que par des corridors étroits, à peine éclairés de la lueur livide de quelques torches résineuses ; la fumée saisit à la gorge, et les murs humides semblent *suinter la mort.*

L'assemblée des coryphées de la Révolution est aujourd'hui plus nombreuse que d'habitude ; un vent d'orage souffle au dehors, *les frères et amis* ont senti le besoin de se réunir et de se concerter dans ce lieu secret.

Tous les fronts sont soucieux ; les poitrines trop gonflées demandent à se dégonfler, à *la tribune.*

Le citoyen président *Pluton*, accorde la parole au terrible *Trrrombier de ventaux.*

Aussitôt celui-ci parle, et déchaîne la tempête. Il ose accuser *Pluton*, peut-être *le roi des enfers*, d'être devenu tiède, amolli, usé, et réclame énergiquement qu'il soit remplacé par un *pur, par un Spartiate non dégénéré.* Ce vertueux tribun que l'appétit enflamme, que la jalousie dévore, en vient jusqu'à dénoncer, *proh pudor ! la corruption républicaine ;*

« Et pendant que nos indignes chefs se vautrent dans la luxure, s'écrie-t-il, *d'affreux complots sont ourdis de toutes parts*, les réactionnaires relèvent la tête, et ces infâmes rebelles conspirent impunément contre *l'ordre social*, si heureusement et si laborieusement établi par nous, républicains, par notre *immortelle Révolution!* Oui, citoyens, je l'affirme, j'en ai les preuves, *la République est en danger!* » Et ses yeux rouges dardant deux jets de flamme sur le président *Pluton*, il ajoute avec fureur: *Oui, jusque parmi nous il y a des traîtres qui ont déjà trop vécu!* »

Alors des rugissements, des cris de panthère blessée, répondent à cette menace furibonde, à cet arrêt de mort, qui attire aussitôt vingt poignards sur la tête de l'imprudent orateur.

—« Ecoutez-moi donc, *malheureux*, avant de frapper un intransigeant, un *incorruptible*, qui se consume en efforts pour vous sauver!... en voici la preuve: ce *hiéroglyphe* que j'expose à vos regards est signé du *grand Ledru!* Il pliait un paquet de camphre que le vénérable *Raspail* m'a légué en mourant: touchant souvenir bien digne de *sa grande âme!...* J'ai passé huit jours et huit nuits à déchiffrer les indéchiffrables caractères de cette écriture sacrée, mais effacée par les émanations du camphre. Enfin, à force d'efforts, il m'est donné de pouvoir vous lire *l'oracle de notre maître infaillible.*

— Eh bien, qu'attends-tu donc, sempiternel bavard, pour nous débiter cet oracle? — Que vous ayez rengaîné ces poignards qui m'offusquent et me troublent. »

Et les poignards se baissent, et *Trrrombier des Ven-*

taux, saisi d'une émotion fébrile, laisse tomber de ses lèvres écumantes *la sentence inéluctable* de *l'illustre Ledru* :

« *La République est immortelle*, à la condition d'en entretenir vigoureusement *le feu sacré* ; à la condition non moins essentielle de *faire tomber les têtes coupables qui veulent dépasser le niveau des autres.* » — Oui, oui ! chante tout l'auditoire, *vive l'égalité, la sainte égalité !...* continue *Trrrombier, le pétrole* ne manquera pas pour l'entretien du *feu sacré.* — « *Malheur à la République*, si une seule vestale, dans le coin le plus reculé de la France, venait à le laisser éteindre, car le jour où une seule commune, désertant *le culte de Marianne*, négligerait de monter les ressorts de mon *sublime truc électoral*, il ne vous resterait plus, *ô frères et amis*, qu'à compter les derniers jours de votre lamentable agonie.

— Heureusement, fait observer le *sagace président*, que partout *le bourgeois mord à l'hameçon !*

« Je le savais bien, réplique *Trrombier exaspéré*, que tu n'es qu'un perfide endormeur... peut-être pire !

« Citoyens, écoutez, pendant que de *faux* républicains, des *traîtres*, je l'affirme, insultent sur nos boulevards l'austérité *lacédémonienne* par des festins de *sibarites, moi, le pur, l'incorruptible*, la *lanterne à la main*, je surveille, je guette et je vois des horreurs.

Enfin, *mes limiers* viennent de m'apprendre, *horresco referens*, qu'une commune du département de la Haute-Garonne a perpétré *le plus grand des forfaits!...* l'infidèle, la téméraire, l'infâme *réac*, n'a pas même installé dans le sanctuaire de sa mairie *la moindre petite boîte républicaine* symbolisant *l'urne sacro-sainte du suffrage universel de notre incomparable Révolution!*

Cette commune, citoyens, c'est *la vestale infidèle* qui, *d'après l'oracle, sonne le tocsin de notre mort!...* Comprendrez-vous maintenant que le temps des *endormeurs* est passé, *que le sang et le feu* sont nos seuls moyens de salut!... *O saint Marat,* protége-nous! à bas les tièdes, *les modérés! que leur sang impur... enfer, damnation!...* Ici, la voix de cet excellent patriote devient incohérente, inintelligible, il écume de rage! du rouge il passe au blanc, il pâlit et chancelle; il tombe en proie à d'horribles convulsions!!

Le Président, *imperturbable*, ordonne aux officieux *d'emporter ça* hors de la salle et de donner un coup de balai à la tribune devenue trop malpropre.

Mais des quatre points cardinaux surviennent quatre télégrammes:

Le 1er porte: *Filez!* vite, vite, fiacre, bonnet de coton, parapluie, *rue d'Enfer*, 89.

Le 2me — *Restez et rampez.*

Le 3me porte : *Fuyez, sans oublier la caisse.*
Le 4me — *Tout est perdu, sauvez-vous, sauvons-nous !*

Le dernier télégramme est sans retard communiqué à l'honorable assemblée, qui, de suite, est envahie par *la peur et le désordre*. C'est à qui fuira le plus vite ! Mais pas moyen de trouver dans ce malheureux sous-sol le *moindre vasistas pour s'échapper* à la *Ledru Rollin !* Les moins larges d'épaules se résignent mais ne perdent pas leur temps ; *ils écrivent !...* avec un courage de *Romain*, digne des *Grecs du Bas-Empire* ; ils commencent, tous, leurs *suppliques* par ces mots : *Sire, pardon et oubli pour le passé*, en retour notre *dévouement inaltérable pour l'avenir !* »

Que se passait-il donc dans Paris, pour motiver une telle panique ?...

Voici : *M. Prudhomme*, se croyant bien assuré de *huit jours* au moins devant lui, s'était couché tranquillement, avait dormi d'un profond sommeil, que ne pouvaient pas même troubler les roulemeuts du tonnerre, ni les éclairs de la foudre, ses deux oreilles et ses yeux étant soigneusement cachés sous un moëlleux édredon, et *l'aurore*, aux doigts de rose, le surprenait rêvant encore au jour, trois fois heureux, où les *butors*, toujours maîtres *de la volonté nationale* proclamée par la manivelle *Ledru*, mais incapables de rien administrer, viendraient *le supplier* de les tirer d'embarras, en se mettant à leur tête, en se chargeant *du lourd fardeau des affaires.*

Doux rêve, mais au réveil terrible !

Des bruits étranges, des clameurs d'abord lointaines, bientôt des coups de feu dans la rue, d'affreux hurlements se font entendre ! Très-inquiet, il met le nez à sa fenêtre, et voit avec une pénible émotion qu'on *fusille un malheureux prêtre* ... « *Aussi*, pense-t-il, *pourquoi ces cléricaux sont-ils si entêtés ? pourquoi font-ils toujours de l'opposition à la volonté du peuple souverain ?* Je suis très-peiné de leur sort, mais tant pis pour eux, ils l'ont bien voulu !

Cinq minutes après, de nouveaux cris le ramènent à sa croisée, et il voit *farandoler une horde de cannibales*, poussant devant eux *un officier de l'armée*, tout enduit de goudron et de pétrole enflammés, *cierge vivant dont les atroces douleurs amusent les sauvages !...* Alors *Prudhomme* tremble décidément *pour sa caisse ;* il fait de sages, mais tardives réflexions, car déjà la horde ébranle la porte de sa maison, en lui criant *qu'il est riche, qu'il est un clérical, un ennemi de la liberté !* Elle le lui prouve aussitôt en saccageant et pillant sa demeure, avec menace *de le faire rôtir*, lui, sa femme et ses enfants, au milieu des décombres de la maison qu'on s'empresse d'enduire de pétrole !

Pauvre Prudhomme ! ... qui commence à se douter que les anciens aristocrates étaient au moins bons à lui servir *de plastron ou de paratonnerre.* Il reconnaît enfin que le *prétendu gouvernement des curés* lui garantissait un peu mieux sa caisse *que tous les Rabagas* qu'il avait hissés au pouvoir ! A son tour, il s'écrie, comme *Madame Roland* sur son échafaud révolutionnaire : *O liberté, que de crimes on commet en ton nom !* . . . Puis, il tombe à genoux, suppliant Dieu de ramener le Roi pour faire cesser *l'abomination de la désolation.* Mais l'air s'obscurcit de plus en plus, une fumée noire, épaisse, se répand dans tout Paris et décèle *un incendie général.* Prudhomme, affolé, tout éperdu, parvient à s'échapper des flammes, et se dirige inconscient vers la Seine. Là, une bande d'autres sauvages furieux le menace de mort, s'il *ne lance pas aussi sa pierre* au sergent de ville qu'ils ont jeté à l'eau *comme un chien,* et qui se noie, en se débattant accroché à une planche sur laquelle tombe une grêle épouvantable de pierres !

En ce moment *Jéhova* redouble les grondements de son tonnerre ; les éclairs illuminent et embrasent l'espace. Prudhomme atterré marche, marche toujours, fuyant les hordes barbares, et, sans s'en apercevoir, sans pouvoir s'en rendre compte, il se trouve de l'autre côté de la Seine, en plein champ de *Mars.* Là, toujours fou de terreur, complétement épuisé de forces, il tombe évanoui !

Cinq heures après, une *Sœur de charité* le découvre

râlant sur un sol froid et humide ; aussitôt elle fait signe à deux brancardiers qui accourent, le soulèvent, lui prodiguent leurs soins et le rappellent à la vie.

En rouvrant les yeux, ce qui le frappe de stupeur, c'est de reconnaître dans ses sauveurs *le Père Olivaint et le Père de Bengy*, deux nobles victimes qu'il a vu fusiller *le 24 Mai* 1871 ! La *bonne Sœur* s'aperçoit de son étonnement, se rapproche et lui dit, tout bas : *La charité de Jésus ne meurt pas.* »

Puis, les deux conspirateurs du bon Dieu volent au secours d'autres infortunés, plus grièvement blessés, alors qu'eux-mêmes pouvaient être atteints par les dernières balles d'une bataille qui ne semblait pas encore finie !

Mais bientôt tout s'apaise, *un splendide arc-en-ciel* apparaît dans les airs ; la miséricorde de Dieu commençait, le ciel redevenait radieux !

Une immense armée de Catholiques, grossie par la plupart *des indifférents* ou *ennemis* de la veille, venait de surgir comme par enchantement. Elle n'avait eu qu'à se montrer en abattant quelques assassins, mais en tirant *en l'air* presque tous ses coups de fusil, pour faire rentrer *dans leurs repaires* tous les bandits qui, pendant quelques heures s'étaient crus *maîtres de Paris*.

Alors, la joie se manifeste partout, l'espérance et la confiance succèdent à la peur, *à l'affreuse peur !*

On s'embrasse avec effusion dans les maisons, dans les rues, sur les places publiques. *La grande place du sang* conquérait, cette fois, son beau nom de place de *la Concorde.* Tout Paris se couvre de banderolles et d'oriflammes, et, le soir, la colline de *sainte Geneviève, les tours de Notre-Dame, toutes les églises, les édifices publics,* toutes les maisons privées resplendissent d'une féerique illumination. Les foules du peuple, animées d'un enthousiasme indescriptible, ne songent pas au sommeil, et, de toutes parts retentit un cri bien connu, *vieux cri d'amour et d'allégresse,* de dévouement et de fidélité !

On respire, on se sent *libre !*

On a enfin un protecteur contre les *vautours affamés, jamais rassasiés !* La confiance est revenue dans les cœurs, on comprend que c'est une ère de prospérité et de *paix* qui va commencer pour la patrie bien-aimée !

A la place du règne de la *fiction, du désordre, de l'utopie et du mensonge,* va succéder *le règne de la justice, de la vérité, du vrai progrès, de la vraie fraternité !*

Monsieur Prudhomme, à jamais guéri de ses illusions et de ses faiblesses, rendu à lui-même, à sa nature d'élite, maître maintenant des éminentes facultés dont Dieu l'a comblé, n'est pas moins ardent à pousser *le cri d'amour, cher à tous les cœurs français ! ! !*

Amour et concorde, charité, fraternité, tels sont les sentiments chrétiens qui chassent partout les inimitiés de la veille, et partout retentissent les *Te Deum de la catholique France !*

Oui ! qu'on se pardonne mutuellement, mais le châtiment a trop duré pour qu'on puisse ou qu'on doive l'oublier !

CONCLUSION.

NON, MILLE FOIS NON ! *PORTÆ INFERI NON PRÆVALEBUNT !*

Grâce à Dieu,

Il reste encore quelque bon sens en France.

KO-OU-HA-OUD.

Clermont, typ. FERDINAND THIBAUD.

www.ingramcontent.com/pod-product-compliance
Ingram Content Group UK Ltd.
Pitfield, Milton Keynes, MK11 3LW, UK
UKHW022102190726
13855UKWH00002B/581